고등학교 졸업자격

검정
고시의
정석

최신
개정판

이타임라이프
편집부 저

영어

Contents

문장의 5형식 (Sentence Pattern)

Grammar 문법 익히기

01 **1형식 <주어 + 완전자동사>**

완전자동사는 목적어나 보어가 필요하지 않은 동사로서, 1형식 문장을 이룬다.

1. 완전자동사는 주어와 동사만으로 완전한 의미를 전달한다.

   Water **flows**. (물이 흐른다.)

   The moon **shines**. (달은 빛난다.)

2. 부사(구)와 함께 쓰이기도 한다.

   I must **stay** *in bed today*. (나는 오늘 침대에 누워 있어야 한다.)

   The earth **goes** *around the sun*. (지구는 태양 주위를 돈다.)

3. 「유도부사 구문」 There is/are + 주어 + ~

   There is *something* in my room. (내 방안에 뭔가가 있다.)

   There **are** *two books* on the table. (탁자 위에 두 권의 책이 있다.)

02 **2형식 <주어 + 불완전자동사 + 주격보어>**

불완전자동사는 주어를 보충 설명하는 주격보어가 필요하며, 2형식 문장을 이룬다.

1. 불완전자동사의 주격보어로는 명사, 대명사, 형용사 등이 올 수 있다.

   Christmas **is** *a holiday*. (크리스마스는 휴일이다.)

   That bike **was** *mine*. (저 자전거는 나의 것이었다.)

   Sally **seems** *angry* with Harry. (Sally는 Harry에게 화난 듯하다.)

2. 불완전자동사의 종류

상태 유지	be, appear, seem, lie, stay, keep 등
상태 변화	become, get, grow, fall, turn, go, come, run 등
감각	look, sound, smell, taste, feel 등

She **stayed** quiet in the meeting. (그녀는 회의에서 조용히 있었다.)

Helen **became** deaf and blind at the age of three.

(Helen은 세 살 때 듣지도 보지도 못하게 되었다.)

He **grew** old and ill. (그는 나이 들게 되고 병이 들었다.)

Janet **fell** asleep in math class. (Janet은 수학 시간에 잠이 들었다.)

Your dream will **come** true. (너의 꿈은 실현될 것이다.)

Alex **looks** very happy. (Alex는 매우 행복해 보인다.)

Her voice **sounds** soft. (그녀의 목소리는 부드럽게 들린다.)

03 3형식 <주어 + 완전타동사 + 목적어>

완전타동사는 목적어가 필요한 동사이며, 3형식 문장을 이룬다.

1. 완전타동사는 동사의 대상이 되는 목적어가 있어야 한다.

I **love** my family. (나는 내 가족을 사랑한다.)

2. 완전타동사의 목적어로는 명사(구/절), 대명사, to부정사, 동명사 등이 온다.

I **think** that most young people like hip-hop music.

(나는 대부분 젊은이가 힙합 음악을 좋아한다고 생각한다.)

She doesn't **know** how to swim. (그녀는 수영하는 방법을 알지 못한다.)

He **wants** to be a novelist. (그는 소설가가 되기를 원한다.)

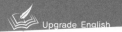

04 4형식 <주어 + 수여동사 + 간접목적어 + 직접목적어>

4형식에 쓰이는 동사를 수여동사라 하며, 간접목적어와 직접목적어가 차례로 온다.

1. 수여동사는 두 개의 목적어, 즉 간접목적어(~에게)와 직접목적어(…을)가 필요하다.

   I **gave** him a piece of advice. (나는 그에게 충고 한마디를 해 주었다.)

   Would you **do** me a favor? (부탁 하나 들어주시겠어요?)

2. 4형식 문장은 간접목적어와 직접목적어의 순서를 바꾸어 3형식 문장으로 전환할 수 있는데, 이때 간접목적어 앞에는 전치사가 온다.

   (1) 전치사 to를 취하는 동사 : give, send, show, lend, teach, write 등

   I gave her some flowers.

   ➡ I **gave** some flowers to her. (나는 그녀에게 몇 송이 꽃을 주었다.)

   (2) 전치사 for를 취하는 동사 : make, buy, find, get, cook 등

   My mother bought me a new cell phone.

   ➡ My mother **bought** a new cell phone for me.

   (엄마는 나에게 새 휴대전화를 사 주셨다.)

   (3) 전치사 of를 취하는 동사 : ask, demand 등

   He asked his teacher a question.

   ➡ He **asked** a question of his teacher.

   (그는 자기의 선생님께 한 가지 질문을 하였다.)

05 5형식 <주어 + 불완전타동사 + 목적어 + 목적격보어>

불완전타동사는 목적어와 목적격보어가 필요한 동사이며, 5형식 문장을 이룬다.

1. 불완전타동사의 목적격보어로는 명사(구/절), 형용사(구/절), 부정사, 분사 등이 온다.

   We **elected** him *chairman*. (우리는 그를 의장으로 선출했다.)

   I **like** my coffee *strong*. (나는 커피가 진한 게 좋다.)

2. 불완전타동사의 목적격보어로 부정사, 분사가 오는 경우 목적어와 목적격보어는 「주어와 동사」의 관계가 있다.

(1) 일반동사 + 목적어 + to부정사 (능동)

　I **asked** him to repair my car. (나는 그가 내 차를 수리하도록 요구했다.)

(2) 사역동사 + 목적어 + 원형부정사 (능동)

　* 사역동사 : make, have, let

　I **made** him repair my car. (나는 그가 내 차를 수리하도록 만들었다.)

(3) 준사역동사 + 목적어 + to부정사/원형부정사 (능동)

　* 준사역동사 : help

　I **helped** him (to) repair my car. (나는 그가 내 차를 수리하는 것을 도왔다.)

(4) 지각동사 + 목적어 + ┌ 원형부정사 (능동)
　　　　　　　　　　├ 현재분사 (능동+진행)
　　　　　　　　　　└ 과거분사 (수동)

　* 지각동사 : see, watch, hear, feel 등

　I **saw** him repair my car. (나는 그가 내 차를 고치는 것을 보았다.)

　I **saw** him repairing my car. (나는 그가 내 차를 고치고 있는 것을 보았다.)

　I **saw** my car repaired by him. (나는 내 차가 그에 의해 수리되는 것을 보았다.)

(5) have/get + 사물목적어 + 과거분사

　I **had** my car washed. (나는 내 차를 세차시켰다.)

　I **had** my car stolen. (나는 내 차를 도난당했다.)

1. 다음 괄호 안에서 알맞은 것을 고르시오.

(1) Tom and Jerry grew (tired / tiredly).

(2) We saw a goose (to stand / standing) on one leg.

(3) Give more attention (to / for) your work.

2. 다음 중 어법상 <u>어색한</u> 것은?

① She looks happy.

② These shoes won't do for climbing.

③ Suddenly, he made his son to go there.

④ My uncle bought the book for me.

3. 다음 중 문장의 형식이 <보기>와 같은 것은?

—— <보기> ——
She became a composer after graduation.

① This book sells well.

② Let me introduce myself.

③ Good medicine tastes bitter to the mouth.

④ She absented herself from school.

4. 다음은 몇 형식인지 쓰시오.

(1) I want everything ready by noon.

(2) You can play outdoors.

(3) My father sent me a nice present.

(4) He bought a pretty dress for his wife.

(5) The guests didn't keep calm.

Reading 독해 다지기

1. 다음 글의 제목이 되도록 빈칸에 알맞은 말을 쓰시오.

Usually, we eat because we are hungry or need energy. Wansink says we also eat certain foods because they make us feel good, and remind us of happy memories. Wansink calls this kind of food comfort food. For some people, ice cream is a comfort food. For others, a bowl of noodle soup makes them feel good. How does a food become comfort food? Professor Wansink believes that we connect food with important times, feelings, and people in our lives.

⇨ _____ That Makes You Feel _____

---

certain 틀림없는, 어떤   remind 상기시키다   memory 기억, 추억   comfort 위로, 편안함
noodle 국수   professor 교수   connect A with B A를 B와 연관 짓다

2. 다음 글을 읽고 추측할 수 있는 Bob의 심정으로 알맞은 것은?

Bob couldn't believe it — he'd made it to the last round of his favorite game show. "Congratulations, Bob," said the emcee. "Answer correctly and you'll go home with five million dollars!" "This is two-part question on American history," he continued. "The second half of the question is always easier. Which part would you like first?" Bob thought he'd play it safe. "I think I'll try the second part of the question first." The emcee nodded approvingly, while the audience was silent with anticipation. "Okay, Bob, here is your question. And in what year did it happen?"

① satisfied

② depressed

③ frightened

④ embarrassed

⑤ bored

make it 성공하다, 해내다, 시간에 늦지 않게 가다   emcee 사회자
correctly 정확하게, 제대로, 올바르게   play it safe 조심하다, 신중하게 처리하다
nod (고개를) 끄덕이다   approvingly 만족스럽게, 찬성하여   audience 청중, 관객
anticipation 기대, 예상   satisfied 만족한   depressed 우울한   frightened 겁먹은
embarrassed 당황한, 당혹스러운   bored 지루한

3. 다음 글의 목적으로 알맞은 것은?

All people must take a shower before entering the water. Running, rough play or excessive noise is forbidden in the pool area, showers, or dressing rooms. No food or drink is allowed inside the pool area. Dogs and other animals are not allowed in the pool area. All children and non-swimmers must be accompanied by a parent or a responsible adult. The management has the right to refuse admittance to or eject from the pool any people failing to follow the above rules.

① to advertise

② to notify

③ to appreciate

④ to apologize

⑤ to criticize

rough 거친, 난폭한   excessive 과도한   forbid 금지하다   allow 허락하다
accompany 동반하다   responsible 책임질 수 있는   adult 어른, 성인
management 경영, 관리(측)   refuse 거부(거절)하다   admittance 입장
eject 쫓아내다, 축출하다   advertise 광고하다   notify 공지(발표)하다
appreciate 고마워하다   apologize 사과하다   criticize 비난하다

4. 다음 글의 빈칸에 공통으로 알맞은 연결어는?

Can you tell the difference between British and American accent? Harry Potter speaks with a British accent. Indiana Jones speaks with an American accent. How about the use of different words? _____, Americans say 'napkins', 'candy' and 'gas', but the British say 'serviettes', 'sweets' and 'petrol.' It is useful to know the difference between British and American English. Today, people travel a lot and visit many countries. They get to meet and talk to different people. _____, a British person went to America. He asked a waiter at a restaurant, "Can I have a serviette?" The waiter did not understand him because Americans say "napkin", not "serviette."

① However

② Moreover

③ For example

④ As a result

⑤ In addition

difference 차이   accent 억양   serviette (영) 냅킨=napkin(미)   petrol 휘발유
useful 유용한   however 하지만   moreover 게다가, 더욱이   for example 예를 들어
as a result 결과적으로   in addition 게다가, 더욱이

Grammar 문법 익히기

`01` 현재시제

1. 현재의 상태, 동작, 습관, 반복적 행동

   He **seems** ill. (그는 아픈 거 같다.)

   Tom **goes** to the library. (Tom은 도서관에 간다.)

   Charles **is** always in a hurry. (Charles는 늘 서두릅니다.)

   Lisa **drinks** tea every day. (Lisa는 매일 차를 마신다.)

2. 불변의 진리, 일반적인 사실

   The sun **rises** in the east. (태양은 동쪽에서 뜬다.)

   Aggressive driving **causes** many accidents. (공격적인 운전은 많은 사고를 일으킨다.)

3. 왕래발착동사(go, come, start, leave, arrive 등)는 가까운 미래를 나타내는 어구와 함께 쓰일 경우, 현재시제가 미래시제를 대신한다.

   The train **arrives** *at noon tomorrow*. (기차는 내일 정오에 도착한다.)

   My uncle **comes** here *this evening*. (나의 삼촌이 오늘 저녁에 여기 오신다.)

4. 시간과 조건의 부사절에서 현재시제가 미래를 대신한다.

   I will ask about it *when* he **comes** back.

   (그가 돌아왔을 때, 그것에 관해 물어볼 것이다.)

   Let's start *before* it **gets** dark. (어두워지기 전에 출발하자.)

   We won't play tennis *if* it **snows** tomorrow.

   (내일 눈이 오면 우리는 테니스를 치지 않을 것이다.)

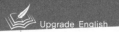
02 과거시제

1. 과거의 상태, 동작

Mozart **was born** in 1756. (Mozart는 1756년에 태어났다.)

He **lay** down on the bench. (그는 벤치 위에 누워 있었다.)

John **went** fishing in the river. (John은 강으로 낚시하러 갔다.)

2. 역사적 사실

The Korean War **broke** out in 1950. (한국전쟁은 1950년에 일어났다.)

Neil Armstrong **landed** on the moon in 1969.

(Neil Armstrong은 1969년에 달에 착륙했다.)

03 미래시제

1. 단순미래 : 미래의 일이나 계획을 나타낼 때

Margaret **will** attend the meeting. (Margaret은 그 회의에 참석할 것이다.)

Will the moon rise soon? (달이 곧 떠오를까요?)

The game **will** be delayed until the weekend.

(그 경기는 주말까지 연기될 것이다.)

2. 의지미래 : 주어나 말하는 사람의 의지

I **will** help you with the work. (내가 그 일을 도와줄게요.)

You **will** be a good boy, won't you? (너는 착한 소년이 될 거야, 그렇지?)

You **shall** be promoted. (너는 승진할 것이다.)

Shall he come in? (그를 들여보낼까요?)

3. 미래를 나타내는 관용표현 : be going to+동사원형 "~할 예정이다"
　　　　　　　　　　　　　　　　be about to+동사원형 "막 ~하려고 하다"

We **are going to** travel by train. (우리는 기차 여행을 할 예정이다.)

The film **is about to** begin. (영화가 막 시작하려 한다.)

04 현재완료

「have/has+p.p」의 형태로 쓰여, 과거의 동작이나 상태를 현재와 결합하여 표현할 때 쓴다.

1. 완료 : 과거에 시작된 동작이 현재 완료된 것으로, just, already, yet 등의 부사와 종종 함께 쓰인다.

   The plane has *just* arrived. (비행기가 막 도착했다.)

   I have *already* found the answer for the problem.

   (나는 그 문제에 대한 답을 이미 발견했다.)

   She has not read the novel *yet*. (그녀는 아직도 그 소설을 읽지 않았다.)

2. 경험 : 과거에서 현재까지의 경험을 나타내고, ever, never, before, once, twice 등과 종종 함께 쓰인다.

   Have you *ever* traveled to India? (당신은 인도를 여행해 본 적이 있나요?)

   She has *never* driven a car. (그녀는 차를 운전해 본 적이 없다.)

   I have lived in New York *before*. (나는 전에 뉴욕에 산 적이 있다.)

   David has been to Georgia. (David는 조지아를 가본 적이 있다.)

3. 계속 : 과거에 시작된 동작이나 상태가 현재까지 계속됨을 나타내며, for, since 등과 함께 쓰인다.

   He has lived here *for* 10 years. (그는 10년 동안 여기서 살고 있다.)

   I have not heard from her *since* last year.

   (나는 작년부터 그녀의 소식을 듣지 못했다.)

   It's been a long time *since* I saw you last.

   (마지막으로 본 이후로 참 오랜만이네.)

4. 결과 : 과거의 동작에 의한 결과가 현재까지 영향을 미치고 있음을 나타낸다.

   My brother has lost his cell phone. (내 남동생은 휴대전화를 잃어버렸다.)

   Mary has gone to China. (Mary는 중국에 가버렸다.)

05 과거완료와 미래완료

1. 과거완료 : 「had+p.p」의 형태로 과거보다 더 이전의 시점(대과거)부터 과거의 기준시점
   까지의 동작 · 상태의 완료, 경험, 계속, 결과를 나타낸다.

   When I arrived there, Jacob **had** *already* **gone** to the party. (완료)

   (내가 거기에 도착했을 때, Jacob은 이미 파티에 가버렸다.)

   I knew her at once, because I **had met** her *before*. (경험)

   (전에 그녀를 만난 적이 있어서, 나는 그녀를 즉시 알아보았다.)

   Alice **had been** ill *for* a week when I called on her. (계속)

   (내가 그녀를 방문했을 때, Alice는 1주일 동안 앓고 있었다.)

   Brian found that he **had lost** his locker key. (결과)

   (Brian은 사물함 열쇠를 잃어버린 것을 알았다.)

2. 대과거 : 과거에 일어난 두 사건 중 먼저 일어난 일을 나타낸다.

   I lost the ring that I **had bought** the day before.

   (나는 그 전날에 샀던 반지를 잃어버렸다.)

   Betty read the book that she **had borrowed** from Daisy.

   (Betty는 Daisy에게서 빌려온 책을 읽었다.)

3. 미래완료 : 「will+have p.p」의 형태로, 미래의 기준시점까지의 동작 · 상태의 완료, 경험,
   계속, 결과를 나타낸다.

   He **will have married** Esther by October.

   (그는 10월까지는 Esther와 결혼할 것이다.)

   If I read Hamlet once more, I'**ll have read** it three times.

   (내가 햄릿을 한 번만 더 읽으면, 세 번 읽은 게 될 것이다.)

   Harry **will have been** in hospital for two months by next Friday.

   (Harry는 다음 주 금요일이면 두 달 동안 병원에 입원한 게 될 것이다.)

06 진행형

1. **현재진행형** : 「be동사 현재형(am, are, is)+~ing」의 형태로 현재 진행 중인 동작이나 확정적인 미래 · 예정을 나타낸다.

   I'm **waiting** for the class to begin.
   (나는 수업이 시작하기를 기다리고 있다.)
   My sister **is writing** another novel this year.
   (내 여동생은 올해 또 다른 소설을 쓰고 있다.)
   I'm **talking** to a customer at the moment.
   (나는 마침 고객과 이야기를 나누는 중이다.)
   She **is coming** here tonight. (그녀는 오늘 밤 여기에 올 것이다.)

2. **과거진행형** : 「be동사 과거형(was, were)+~ing」의 형태로 과거의 어떤 때에 진행 중이던 동작을 나타낸다.

   Jenny **was writing** an article for the magazine.
   (Jenny는 잡지 기사를 쓰는 중이었다.)
   Michael **was having** lunch when I called him.
   (내가 전화했을 때, Michael은 점심을 먹고 있었다.)
   What **were** you **doing** at 11 last night?
   (어젯밤 11시에 너는 무엇을 하고 있었니?)

3. **미래진행형** : 「will+be(원형)+~ing」의 형태로, 미래의 어떤 때에 진행 중일 동작을 나타낸다.

   I **will be painting** my house at this time tomorrow.
   (내일 이맘때쯤 나는 집에 페인트를 칠하고 있을 것이다.)
   Next winter, he **will be traveling** in Canada.
   (다음 겨울에, 그는 캐나다를 여행하고 있을 것입니다.)
   Lucy **will be waiting** for you here the day after tomorrow.
   (내일모레 Lucy가 여기서 당신을 기다리고 있을 것이다.)

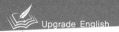

4. 현재완료 진행형 : 「have/has been+~ing」의 형태로, 과거의 어떤 때부터 현재까지 계속되어 온 동작을 나타낸다.

I've been studying geography for five years.

(나는 5년 동안 지리학을 공부하고 있다.)

Alex has been saving for a year to buy a new car.

(Alex는 새 차를 사려고 일 년 동안 저금을 하고 있다.)

Peter has been watching TV all day.

(Peter는 온종일 TV를 보는 중이다.)

Courage is very important. Like a muscle, it is strengthened by use.
(용기는 대단히 중요하다. 근육과 같이 사용함으로써 강해진다.)

Check up 문법 다지기

정답 180 쪽

1. 다음 문장에서 <u>틀린</u> 부분을 찾아 바르게 고쳐 쓰시오.

(1) Honesty was the best policy.

(2) A few days ago, I sprains my ankle while running.

(3) Will you go hiking if it will be fine this weekend?

(4) She has lived here when she was a child.

(5) He isn't at home. He has been to his office.

2. 다음 괄호 안의 동사를 알맞은 형태로 고쳐 쓰시오.

(1) Tim got angry because she (break) his glasses.

(2) When I walked in, they (talk) about paychecks.

(3) Somebody (sleep) in his bed since noon.

(4) I (meet) you outside the hotel in an hour, O.K.?

(5) We have to go now. It (get) dark.

3. 다음 괄호 안에서 알맞은 것을 고르시오.

(1) I (never see, have never seen) him before.

(2) She (quitted, has quitted) her job last year.

(3) I (knew, have known) her since 2010.

(4) My son (takes, will take) a course in a driving school next year.

(5) After he (has turned, had turned) off the radio, he set to work.

4. 다음 글에서 어법상 <u>틀린</u> 것은?

① Sam usually swims after work, but today he didn't.

② Linda was taking a bath when the fire alarm rang.

③ Did you know that the Berlin Wall had fallen in 1989?

④ Mike will be flying to London tomorrow.

⑤ Look at that car! It is going to hit the shop.

Reading 독해 다지기

정답 181 쪽

1. 다음 글에서 밑줄 친 부분을 짐꾼이 이해한 뜻으로 알맞은 것은?

> Mr. Grey was a biology professor, and he had a collection of rare bones. Then he got a new job at another university. As Mr. Grey was busy, his wife arranged all the things to be taken in a van to their new home while he was at work. The next week three men started putting the things into the van, when one of them brought out a large box. He was about to throw it into the van, when Mrs. Grey ran out of her house and said, "Please, treat the box carefully! There are <u>all of my husband's bones</u> in it." The man was so surprised that he nearly dropped the box on his feet.

① 남편의 시체

② 남편의 뼈

③ 남편이 수집한 뼈

④ 남편의 유품

⑤ 남편의 유언장

biology 생물학   professor 대학교수   collection 수집, 소장(품)   rare 희귀한, 드문
bone 뼈   arrange 정돈(정리)하다   van 소형트럭   treat 다루다, 취급하다   nearly 거의

2. 다음 글에 나타난 '내 친구'에 대한 묘사로 가장 알맞은 것은?

A friend of mine took a job in the bakery section of a new supermarket. She went to the public-address system to announce the evening's special. "Good evening, John's shoppers," she began and then realized she had just given the name of the rival supermarket to them. Thinking fast, she continued, "we're happy you're shopping at Brown's tonight."

① stupid

② witty

③ coward

④ humorous

⑤ serious

bakery 제과점   section 부문, 부분   public-address system 장내방송설비
announce 발표하다, 공고하다   the evening's special 저녁 특가품   realize 깨닫다, 실현하다
rival 경쟁자   continue 계속하다   stupid 어리석은 = foolish, silly
witty 재치있는   coward 겁 많은, 소심한   serious 진지한, 심각한

3. 다음 글의 주제로 가장 알맞은 것은?

The lion is perhaps the most famous member of the cat family. Lions are well-known for their power and beauty. Adult male lions are the only cats with manes. This long, thick hair covers the animal's head and neck. For years, biologists have wondered why lions have manes or what purpose they serve. One suggestion is that the thick hair protects a lion's neck during fights with other males. Another idea is that the mane is a sign of the male's physical condition. This idea says the hair frightens other males and helps females choose successful mates.

① 사자 갈기의 기능
② 사자의 짝짓기 방법
③ 사자의 용맹성과 아름다움
④ 고양잇과에 속하는 동물들의 특징
⑤ 사자의 자기 보호 방법

be well-known for = be famous for ~으로 유명하다　mane 갈기　adult 성숙한/어른, 성인
male 수컷, 남성 ↔ female 암컷, 여성　thick 털(숱)이 많은, 빽빽한　purpose 목적, 의도
suggestion 제안, 의견, 착상, 생각남　protect 보호하다　physical 신체적인, 물리적인
frighten 놀라게 하다, 위협하다　choose 고르다　mate 짝, 배우자, 친구

4. 다음 글의 내용과 일치하지 <u>**않는**</u> 것은?

The people of France gave the Statue of Liberty to the United States in 1884. Their gift honored freedom. It also marked the friendship between the two nations. This friendship had developed during America's revolution against Britain. France helped the revolutionary armies defeat the soldiers of King George the Third. The war officially ended in 1783.

---

① 자유의 여신상은 프랑스에서 제작되었다.

② 자유의 여신상은 자유와 우정을 상징하는 선물이다.

③ 프랑스는 미국의 독립전쟁 당시 영국을 도왔다.

④ King George 3세의 군대는 미국의 독립군에 패배했다.

⑤ 미국의 독립전쟁은 공식적으로 1783년에 끝났다.

statue 조각상   liberty 자유   the Statue of Liberty 자유의 여신상
honor 명예, 영광 / 존경(경의)을 표하다, 기념하다   freedom 자유   mark 기록하다, 남기다
develop 발전(개발, 계발)하다   revolution 혁명   revolutionary 혁명의 / 미국 독립전쟁의
army 군대   defeat 패배시키다   officially 공식적으로

조동사 (Auxiliary Verb)

Grammar 문법 익히기

01 will / would

1. 미래의 사실이나 주어의 의지 "~할 것이다(= be going to)"

   The plane **will** take off on time. (비행기는 정시에 이륙할 것이다.)

   I **will** do my best to realize my dream.

   (나는 꿈을 실현하기 위해 최선을 다할 것이다)

   Jenny **will** go abroad to continue her study.

   (Jenny는 공부를 계속하기 위해 유학 갈 것이다.)

2. will : 현재의 경향, 습성 "~하기 마련이다"

   Accidents **will** happen. (사고는 일어나기 마련이다.)

   Dogs **will** bark when they see a stranger.

   (개는 낯선 이를 보면 짖기 마련이다.)

3. would : 과거의 불규칙적 습관 "~하곤 했다"

   Sam **would** sometimes travel alone when young.

   (Sam은 젊었을 때, 때때로 혼자 여행하곤 했다.)

   She **would** take a nap after lunch. (점심 식사 후에 그녀는 낮잠을 자곤 했다.)

4. 관용표현 : would like to + 동사원형(Root) "~하고 싶다"

   　　　　　　　 would rather ~ (than …) "(…하느니) 차라리 ~하고 싶다."

   I **would like to** stay here, waiting for her.

   (그녀를 기다리며 여기에 머물고 싶다.)

Would you **like to** have dinner with me? (저와 함께 저녁 드시겠어요?)

I **would rather** sleep **than** watch that movie.

(그 영화를 보느니 차라리 자고 싶다.)

02 can / could

1. 능력 : "~할 수 있다(= be able to)" / 가능 "~일 수도 있다"

He **can**(= is able to) speak English fluently.

(그는 유창하게 영어를 말할 수 있다.)

She **could**(=was able to) understand the book easily.

(그녀는 그 책을 쉽게 이해할 수 있었다.)

This kind of thing **can** happen. (이런 종류의 일은 일어날 수 있다.)

Could you come here again tomorrow? - 정중한 표현

(내일 다시 여기로 와 주시겠습니까?)

2. 허가 : "~해도 좋다(= may)"

Can I use this bicycle? (제가 이 자전거를 사용해도 되나요?)

- Yes, you can. / No, you can't. / No, you must not.

You **can** go home right now. (너는 지금 바로 집에 가도 좋다.)

3. 의문문에서 강한 의심 "~일 수 있을까?"

부정문에서 부정적 단정 "~일 리가 없다"

Can it be true? (과연 그게 사실일까?)

He **can't** be a good man if he steals information.

(정보를 훔친다면, 그는 좋은 사람일 리가 없다.)

4. 관용표현

She **couldn't help crying** when she heard the news.

(그녀가 그 소식을 들었을 때, 울지 않을 수 없었다.)

I **can't** thank you **too much**. (당신에게는 아무리 고마워해도 지나치지 않다.)

I **couldn't** be **better**. (더할 나위 없이 좋다.)

I **couldn't** agree **more**. (전적으로 동의합니다.)

03 may / might

1. 허가 : "~해도 좋다(= can)"

   May I use your cellphone? (제가 당신의 휴대전화를 사용해도 되나요?)

   You **may** come whenever you want to.

   (당신이 오고 싶을 때면 언제든지 와도 좋습니다.)

2. 불확실한 추측 : "~일지도 모른다"

   He **may** be right, or he **may not**.

   (그가 옳을지도 모르고 옳지 않을지도 모른다.)

   It **may** rain tonight. (오늘 밤에 비가 올지도 모른다.)

   She **may not** come here tomorrow.

   (그녀는 내일 여기에 오지 않을지도 모른다.)

3. 기원 : "부디 ~하소서" / 양보 "비록 ~일지라도"

   May she rest in peace! (그녀가 평안히 잠들게 하소서!)

   May my son return safe and sound!

   (부디 내 아들이 안전하고 건강히 돌아오기를!)

   May you have a happy life! (행복한 삶을 사시길 바랍니다!)

   However humble it **may** be, there is no place like home.

   (아무리 초라하다 할지라도 집과 같은 장소는 없다.)

4. 관용표현

   We go to bed early **so that** we **may** get up early.

   (우리는 일찍 일어나기 위해 일찍 잔다.)

   Janet **may well** be angry. (Janet이 화를 내는 것도 당연하다.)

   You **may as well** go as stay here. (여기서 머무르느니 떠나는 게 낫다.)

04 must

1. 의무 · 필요 · 강요 : "~해야 한다(= have to)"

   You **must**(= **have to**) go to the hospital. (너는 병원에 가야 한다.)

   She **must**(= **has to**) study hard. (그녀는 열심히 공부해야 한다.)

   We **had to** leave earlier. (우리는 좀 더 일찍 출발해야만 했다.)

   They **will have to** clean their rooms. (그들은 그들의 방을 청소해야만 할 것이다.)

   You **don't have to** go there today. (오늘은 거기에 갈 필요가 없다.)

2. 강한 추측 : "~임이 틀림없다"

   He **must** be a bad student to be noisy.

   (시끄럽게 굴다니 그는 나쁜 학생임이 틀림없다.)

   Your friend **must** be a liar to say so.

   (그렇게 말하다니, 너의 친구는 거짓말쟁이임이 틀림없다.)

3. 금지 must not : "~해서는 안 된다"

   You **must not** cheat on the exam. (시험에서 부정행위를 해서는 안 된다.)

   Visitors **must not** walk on the grass. (방문자들은 잔디 위를 걸어서는 안 된다.)

   We **must not** make a noise in the library.

   (우리는 도서관에서 떠들어서는 안 된다.)

05 shall / should

1. 의무 · 당연 : "~해야 한다"

   You **should** practice harder. (너는 더 열심히 연습해야 한다.)

   You **should** obey your parents. (부모님께 순종해야 한다.)

   One **should** keep one's promise. (사람은 약속을 지켜야 한다.)

   I **should** be more careful about my health. (나는 건강에 더 조심해야 한다.)

2. 상대방의 의향을 물을 때

　　Shall we dance? (우리 춤을 출까요?)

　　Shall we go shopping? (우리 쇼핑하러 갈까요?)

　　Shall he come in? (그를 들여보낼까요?)

3. 관용표현 : 제안(suggest, propose), 주장(insist), 명령(order), 요구(demand) 등을 나타내는 동사가 이끄는 that 절에는 「**should+동사원형**」을 쓰며, 이때 should가 생략되어도 반드시 동사원형을 쓴다.

　　I **suggested** that he (should) be present at the meeting.

　　(나는 그가 회의에 참석해야 한다고 제안했다.)

　　She **insisted** that I (should) make a speech.

　　(그녀는 내가 연설을 해야 한다고 주장했다.)

06 조동사 + have p.p

1. cannot have p.p : "~이었을 리가 없다" (과거 사실에 대한 강한 부정적 단정)

　　The rumor can't have been true. (그 소문이 사실이었을 리가 없다.)

　　= It is **impossible** that the rumor was true.

2. may have p.p : "~이었을지도 모른다" (과거 사실에 대한 가능성 있는 추측)

　　Lucy **may have seen** the sight. (Lucy가 그 장면을 봤을지도 모른다.)

　　= It is **possible** that Lucy saw the sight.

3. must have p.p : "~이었음이 틀림없다" (과거 사실에 대한 강한 긍정적 단정)

　　Emma **must have been** a beauty when she was young.

　　= It is **certain** that Emma was a beauty when she was young.

　　= I am **sure** that Emma was a beauty when she was young.

　　　(Emma는 젊었을 때, 미인이었음이 틀림없다.)

4. should have p.p : "~했어야 했는데 (안 했다)" (과거 사실에 대한 유감 또는 후회)

He **should have apologized** for that. (그는 그 점에 대해 사과했어야 했는데.)

= I am **sorry** that he didn't apologize for that.

I **shouldn't have bought** the used car. (나는 그 중고차를 사지 말았어야만 했다.)

= I **regret** that I bought the used car.

07 기타 조동사

1. **used to + 동사원형** : "~하곤 했다" (과거의 습관적 동작) 또는 "전에 ~이었다, ~이 있었다" (과거의 계속적 상태)

She **used to** work in this restaurant as a manager.

(그녀는 전에 이 음식점에서 지배인으로 일했다.)

There **used to** be a big persimmon tree in front of her house.

(그녀의 집 앞에 큰 감나무 한 그루가 있었다.)

> | 주의 |
>
> 1. be used to ~ing "~하는 데 익숙하다"
> I am used to *cooking* Korean traditional dishes.
> (나는 한국 전통요리를 하는 데 익숙하다.)
>
> 2. be used to 동사원형 "~하는 데 사용되다"
> A special tools were used to *repair* the car.
> (그 차를 수리하는 데 특수한 도구가 사용되었다.)

2. **ought to + 동사원형** : "~해야 한다" (= should) <의무 · 당연>

You **ought to** follow the rules. (너는 규칙을 따라야 한다.)

They **ought to** walk more. (그들은 좀 더 걸어야 한다.)

She **ought** *not* **to** say such a thing. (그녀는 그런 말을 해서는 안 된다.)

It **ought** *not* **to** be allowed. (그것은 허용되어서는 안 된다.)

3. had better + 동사원형 : "~하는 것이 낫다, 좋다" <제안 · 조언 · 가벼운 명령>

You **had better** go to the doctor about your cough.

= **Why don't you** go to the doctor about your cough?

(너는 기침 때문에 병원에 가 보는 게 좋을 거야.)

You**'d better** hurry up or you will miss the train.

(너는 서두르는 것이 좋다, 그렇지 않으면 기차를 놓칠 것이다.)

You **had better** *not* go out in this weather.

(너는 이런 날씨에는 나가지 않는 게 더 좋다.)

Check up 문법 다지기

정답 181쪽

1. 다음 문장에서 **틀린** 부분을 찾아 바르게 고쳐 쓰시오.

(1) You must coming back before too late.

(2) She has to be nearly 90 years old.

(3) They suggested that he would accept the offer.

(4) I would not have told a lie. I regret that I did.

(5) He had not better go there at once.

2. 다음 괄호 안에서 알맞은 것을 고르시오.

(1) He couldn't (understand, understood) the story.

(2) We will (must, have to) decide what to do.

(3) She (must, had to) be surprised to find this.

(4) Joe (should, ought) to return by 10 o'clock.

(5) I can't help (accept, accepting) the invitation.

[3~5] 다음 밑줄에 알맞은 것을 고르시오.

3. He _____ in an apartment.

① is used to live   ② is used to living

③ is used to be lived   ④ is used to being lived

4. The street is wet. It _____ last night.

① must have rained   ② may have rained

③ would have rained   ④ should have rained

5. A : Did you study history yesterday?
B : No, but I think I _____.

① had studied   ② should have studied

③ would have studied   ④ ought not to studied

1. 글의 흐름으로 보아 빈칸에 가장 적절한 것을 고르시오.

> The year is 2020. You are preparing to vote on whether all citizens must provide blood sample to the police department. The samples will be used to make a database of genetic information. The police will use the database to identify and catch crime suspects. Those in favor of the bill argue that it is necessary to stop crime. Those against the bill say that the information may be misused and that genetic information should remain _____. Do you vote for or against the new bill?

① fair

② useful

③ common

④ private

⑤ evident

prepare 준비(각오)하다   vote 투표하다   citizen 시민, 주민   provide 제공하다   sample 표본
genetic 유전의   identify (신원을) 확인하다   crime 범죄   suspect 용의자
in favor of ~을 찬성하는   bill 법안   argue 주장하다   misuse 오용하다
remain ~인 채로 있다, 유지하다   private 사적인, 비공개의   evident 분명한, 명백한

2. 다음 글의 밑줄 친 This(this)가 가리키는 것으로 가장 적절한 것은?

> <u>This</u> is expected when you travel by air across more than three time zones. When you travel long distance rapidly, your body takes time to adjust to the 'new time' of your destination, and as a result, you may feel tired and anxious. Sometimes you can't sleep well because of <u>this</u>. These effects will usually be gone within three days of arrival, but you can minimize <u>this</u> by doing these: Take a good rest for a couple of days before you leave. Avoid too much eating and alcohol. Instead drink fruit juice or water a lot. Make yourself comfortable by wearing loose clothes and perhaps bringing an eye mask to help you sleep.

① 멀미
② 시차
③ 불면증
④ 문화충격
⑤ 식욕부진

---

time zone 시간대   distance 거리   rapidly 급속도로   adjust to ~에 적응하다
destination 목적지   as a result 결과적으로   anxious 불안한   effect 효과, 영향   arrival 도착
minimize 최소화하다   loose 헐렁한, 느슨한   eye mask 눈가리개

3. 다음 글에서 밑줄 친 <u>sick building</u>이 의미하는 것으로 가장 알맞은 것은?

> People have worried about smog for many years, and the government has spent billions of dollars to try to clean up the air of big cities. But now we find that there is no escaping from unhealthy air. Recent studies have shown that air inside many homes, office buildings and schools is full of pollutants: chemicals, bacteria, smoke, and gases. These pollutants are causing a group of unpleasant and dangerous symptoms that experts call 'sick building syndrome.' A '**sick building**' might be a small house in a rural area or an enormous office building in an urban center.

① 소음이 심한 건물
② 도심에 있는 건물
③ 붕괴 위기에 처한 건물
④ 실내 공기가 오염되어 있는 건물
⑤ 스모그로 인해 전망이 좋지 않은 건물

government 정부   there is no ~ing ~하는 것은 불가능하다   escape 탈출(하다)
unhealthy 건강에 좋지 않은   recent 최근의   pollutant 오염물질, 오염원   chemical 화학물질
bacteria 박테리아   symptom 증상   expert 전문가   syndrome 증후군
rural 시골의   enormous 거대한   urban 도시의

4. 다음 글의 바로 **앞에** 올 수 있는 내용으로 가장 적절한 것은?

> But success is not the only reason for learning English. Friendship is even more important. As an international language, English is no longer just the language of the United States or the United Kingdoms. It belongs to everyone; native and non-native speakers as well. With English, you'll make friends all over the world. Many of these friends know nothing about our great country and our history, because very few Koreans have been able to put our culture into English. Your generation will be the generation that will introduce our country to the world. Remember you are a world citizen, and English is your language!

① 영어 조기교육의 필요성

② 세계의 일일생활권화

③ 영어학습 목표로서의 성공

④ 국제어로서의 영어의 위상

⑤ 국제사회에 대한 자국의 홍보

international 국제적인   no longer 더 이상 ~아니다   belong 속하다   native 원주민의
put A into B A를 B로 옮기다(번역하다)   culture 문화   generation 세대
introduce 소개하다, 도입하다   citizen 시민, 주민(= resident)

Grammar 문법 익히기

01 능동태와 수동태

1. 능동태 : 주어가 동작의 주체이다. "~가 …하다"

   수동태 : 주어가 동사의 대상이다. "~가 …을 당하다"

   > ● 능동태를 수동태로 바꾸는 방법
   >
   > ① 능동태의 목적어를 주어 자리로 옮긴다.
   > ② 능동태의 동사를 「be동사+p.p(과거분사)」로 고친다.
   >   → be동사의 시제는 능동태의 시제와 일치시킨다.
   > ③ 능동태의 주어는 「by+목적격」의 형태로 바꿔 문장 끝으로 옮긴다.

   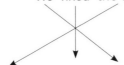

   He fixed the computer. (그가 그 컴퓨터를 수리했다.)

   The computer was fixed **by him.** (그 컴퓨터는 그에 의해 수리되었다.)

2. 행위자가 일반인(we, they, people)이거나 분명하지 않을 때, 「by+목적격」은 생략한다.

   English is spoken in Canada. (캐나다에서는 영어가 쓰인다.)

   Many bags are made in China. (많은 가방이 중국에서 만들어진다.)

   He was killed in the Second World War. (그는 2차 세계대전에서 죽었다.)

   This building was built in 1984. (이 건물은 1984년에 지어졌다.)

1. 현재 : am(are, is) + p.p

   Math is taught by Mr. Kim. (김 선생님은 수학을 가르친다.)

   The windows are cleaned by John. (John이 그 창문들을 닦는다.)

2. 과거 : was(were) + p.p

   Math was taught by Mr. Kim. (김 선생님은 수학을 가르쳤다.)

   The windows were cleaned by John. (John이 그 창문들을 닦았다.)

3. 미래 : will be + p.p

   Math will be taught by Mr. Kim next year.

   (김 선생님이 내년에 수학을 가르칠 것이다.)

   The windows will be cleaned by John. (John이 그 창문들을 닦을 것이다.)

4. 완료형 : have(has, had) been + p.p

   Math has been taught by Mr. Kim for a long time.

   (김 선생님은 오랫동안 수학을 가르쳐 왔다.)

   The windows have been cleaned by John. (John이 그 창문들을 닦아 왔다.)

   Because his leg had been broken, Tom couldn't go to the party yesterday.

   (Tom은 다리가 부러졌기 때문에, 어제 파티에 갈 수 없었다.)

5. 진행형 : be동사 + being + p.p

   Math is being taught by Mr. Kim for now.

   (김 선생님은 현재로는 수학을 가르치고 있다.)

   The windows were being cleaned by John. (John이 그 창문들을 닦는 중이었다.)

03 3형식의 수동태

1. 능동태의 목적어가 주어가 된다.

   Peter cut *the tree*. (Peter가 그 나무를 잘랐다.)

   ➡ *The tree* was cut by Peter.

   We washed *the dishes*. (우리가 설거지했다.)

   ➡ *The dishes* were washed by us.

2. 목적어가 that이 이끄는 절이면 수동태를 두 가지로 만들 수 있다.

   They say that he is kind. (그들은 그가 친절하다고 말한다.)

   ① that절을 주어로 쓴다. 이때 주어가 길어지므로 가주어 it을 이용한다.

      ➡ That he is kind is said by them.

      ➡ It is said (by them) **that he is kind.**

   ② that절의 주어를 수동태의 주어로 쓴다. 이때 that절의 동사를 to부정사로 바꾼다.

      ➡ He is said *to be* kind (by them).

   People think *that she is honest*. (사람들은 그녀가 정직하다고 생각한다.)

   ➡ It is thought (by people) **that she is honest.**

   ➡ She is thought *to be* honest (by people).

04 4형식의 수동태

1. 간접목적어와 직접목적어 두 개이므로 동사 유형에 따라 두 가지 수동태가 가능하다.
   직접목적어가 주어로 오면 간접목적어 앞에 전치사를 쓴다.

   (1) to를 쓰는 동사 : 대부분의 수여동사 / give, send, tell, lend 등

      He gave me a pen. (그는 나에게 펜을 주었다.)

      ➡ I was given a pen by him.

      ➡ A pen was given *to* me by him.

(2) for를 쓰는 동사 : buy, make, find, choose 등

Tom bought me a cap. (Tom이 나에게 모자를 사주었다.)

➡ I was bought a cap by Tom.

➡ A cap was bought *for* me by Tom.

(3) of를 쓰는 동사 : ask, inquire 등

They asked her a question. (그들은 그녀에게 질문을 하나 했다.)

➡ She was asked a question by them.

➡ A question was asked *of* her by them.

2. make, buy, get, cook, read 등의 동사는 간접목적어를 주어로 하여 수동태를 만들지 않는 것이 일반적이다.

She made her daughter a doll. (그녀는 자기의 딸에게 인형을 만들어 주었다.)

➡ A doll was made *for* her daughter by her.

Janet read me a poem. (Janet은 나에게 시를 읽어주었다.)

➡ A poem was read *to* me by Janet.

05 5형식의 수동태

1. 목적어가 주어가 되며, 목적격보어를 주어로 사용할 수 없다.

We elected **her** *our president*. (우리는 그녀를 의장으로 뽑았다.)

➡ She was elected *our president* by us.

Jacob found **his sister** *crying alone*.

➡ **His sister** was found *crying alone* by Jacob.

(Jacob은 여동생이 혼자 울고 있는 것을 발견했다.)

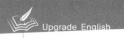

2. 사역동사와 지각동사의 수동태 : 목적격보어로 쓰인 원형부정사는 to부정사로 바뀐다.

Liam made him *go* there at once. (Liam은 그가 즉시 거기에 가도록 만들었다.)

➡ He was made *to go* there at once by Liam.

Amy watched the thief *run* away. (Amy는 도둑이 도망가는 것을 지켜보았다.)

➡ The thief was watched *to run* away by Amy.

06 주의해야 할 수동태

1. 타동사구의 수동태 : 두 개 이상의 단어로 만들어진 타동사구는 하나의 동사로 취급한다.

They **laughed at** the beggar. (그들은 그 거지를 비웃었다.)

➡ The beggar was laughed at by them.

Jason **must take care of** his nephew. (Jason은 조카를 돌보아야 한다.)

➡ His nephew must be taken care of by Jason.

We **look up to** our teachers. (우리는 선생님들을 존경한다.)

➡ Our teachers are looked up to by us.

2. by 이외의 전치사를 쓰는 경우

I was surprised at the accident. (나는 그 사고에 놀랐다.)

They are interested in sports. (그들은 스포츠에 관심이 있다.)

His name was known to everybody. (그의 이름은 모든 사람에게 알려져 있다.)

She was married to a novelist. (그녀는 소설가와 결혼했다.)

The mountain was covered with white snow. (그 산은 하얀 눈으로 덮여있다.)

He was satisfied with his destiny. (그는 자신의 운명에 만족했다.)

The classroom was filled with many students. (교실은 많은 학생들로 가득 찼다.)

Justin is well-known for his song. (Justin은 그의 노래로 유명하다.)

She is known as a singer-songwriter. (그녀는 가수 겸 작곡가로서 알려져 있다.)

The chair is made of wood. (그 의자는 나무로 만들어진다. / 물리적 변화)

Cheese is made from milk. (치즈는 우유로 만들어진다. / 화학적 변화)

3. 능동 수동태 : 타동사 중에는 형태는 능동이지만 수동의 의미로 쓰일 때도 있다.

   read(~라고 쓰여있다), sell(팔리다), cut(잘리다), peel(벗겨지다) 등

   This pen **sells** for two dollars. (이 펜은 2달러에 팔린다.)

   Her new novel **reads** easily. (그녀의 새로운 소설은 쉽게 읽힌다.)

   Ripe orange **peels** well. (익은 오렌지는 껍질이 잘 벗겨진다.)

   This knife **cuts** well. (이 칼은 잘 든다.)

1. 다음 괄호 안에서 알맞은 것을 고르시오.

(1) The watch (found / was found) on the table.

(2) A difficult question was asked (to / for/ of) me by her.

(3) The birds were seen (fly / to fly) in the sky.

(4) They were interested (in / with) learning how to drive.

(5) The storybook is filled (of / with) beautiful pictures.

(6) Are you satisfied (with / in) your score?

(7) The table was covered (for / with) many books.

(8) He is well-known (with / for) his poems.

2. 다음 문장을 수동태로 바꿔 쓰시오.

(1) A bomb destroyed the building.

➡ _____

(2) He invited me to the housewarming party.

➡ _____

(3) She will make the same mistake.

➡ _____

(4) They are repairing the broken door.

➡ _____

(5) My husband made me pizza.

➡ _____

3. 다음 문장이 같은 뜻이 되도록 빈칸에 알맞은 말을 쓰시오.

People say that honesty is the best policy.

➡ _____ that honesty is the best policy.

➡ Honesty is said _____.

1. 다음 글에서 판사의 판결을 묘사한 말로 가장 알맞은 것은?

> Every morning poor Gabriel sat down in front of a bakery and smelled the bread. One day Gabriel was seen to smell the bread by the baker.
>
> "You are stealing the smell of my bread!" the baker said. "You must pay for it!" "I don't have to pay just to smell the bread," Gabriel said.
>
> They went to a judge. The judge asked Gabriel, "Do you have money?" Gabriel took out a little bag. "Gabriel, shake it. And Baker, listen to the sound of the coins," says the judge. "The sound of Gabriel's money pays for the smell of your bread."

① cold and cruel

② stupid and ridiculous

③ witty and wise

④ cowardly and selfish

⑤ unfair and careless

bakery 빵 가게　smell 냄새(를 맡다)　steal 훔치다　judge 판사　take out 꺼내다
shake 흔들다　coin 동전　cold 냉정한　cruel 잔인한　stupid 어리석은
ridiculous 터무니없는, 웃기는　witty 재치있는　cowardly 비겁한　selfish 이기적인
unfair 불공정한　careless 경솔한, 부주의한

2. 다음 글의 내용과 일치하지 **않는** 것은?

> There was a twenty-five thousand robbery on Elm Street yesterday. The thieves threw a rock through the window of Jason's and stole rings and watches. The police are looking for three men. They drove away in a stolen car. The car has not been found yet. Mr. Jason, the owner of the shop, will give $1,000 to anyone with information about the thieves.

① 도난 사건은 어제 발생했다.
② 범인들은 훔친 차를 타고 달아났다.
③ 용의자는 세 명의 남자이다.
④ 달아난 차는 아직 발견되지 않았다.
⑤ 1,000달러 정도의 반지와 시계를 도난당했다.

robbery 강도 사건   thief (단수) 도둑 - thieves (복수)   throw-threw-thrown 던지다
steal-stole-stolen 훔치다   owner 주인   information 정보

3. 다음 글은 무엇에 대한 글인가?

> There are many stereotypes about the character of people in various parts of the United States. In the Northeast and Midwest, people are said to be closed and private. In the South and West, they are often thought of as being more open. New Englanders are thought of as being friendly and helpful. Southerners are known for their warmth. People from the western part of the United States are often considered very outgoing. When traveling from region to region, Americans themselves are often surprised at the difference of friendliness in the United States.
>
> *stereotype 고정관념

① 미국의 관광도시

② 고정관념의 단점

③ 남부인과 북부인의 차이

④ 지역마다 성격이 다른 이유

⑤ 지역별로 본 미국인의 성격

character 성격, 특성   various 다양한   closed 폐쇄적인, 배타적인   private 개인적인, 비사교적인
friendly 다정한, 우호적인   helpful 잘 도와주는   warmth 따뜻함   consider 여기다, 생각하다
outgoing 외향적인, 사교적인   region 지방, 지역   friendliness 다정함, 호의, 친절

4. 다음 글의 내용을 가장 잘 표현한 것은?

> When Jenny was busy sorting out on the table, an old man with dirty face and clothes came in. He didn't seem to be able to afford a book. He took a seat and grabbed a free newspaper. Jenny thought, 'Should I move books away from him?' She decided to move the books, thinking that it's rude not to. She said, "Sorry for the mess. Please take time reading the newspaper, sir." The old man looked at her and replied, "Thank you, young lady. You are very kind. Take this." That was two $100 tickets for an opera!

① Two heads are better than one.

② You can't tell a book by its cover.

③ You don't get something for nothing.

④ Scratch my back and I'll scratch yours.

⑤ When the cat's away, the mice will play.

be busy ~ing ~하느라 바쁘다   sort out 분류하다   afford ~을 할 만한 여유가 있다
grab 움켜쥐다   free 무료의   rude 무례한   mess 엉망인 상태   for nothing 무료로
scratch 긁다

부정사 (Infinitive)

부정사는 동명사, 분사와 같은 준동사의 하나이다. to부정사는 동사원형에 to를 붙여 만든 것으로 문장에서 명사적, 형용사적, 부사적 용법으로 쓰인다. 또한, to 없이 동사원형만 쓰이는 경우가 있는데, 이를 원형부정사라고 한다.

Grammar 문법 익히기

01 명사적 용법 : 주어, 목적어, 보어 역할 / "~하는 것, ~하기"

1. 주어 역할 : 주어가 긴 경우에는 가주어 it을 활용한다.

To **play the guitar** is great fun. (기타를 치는 것은 무척 재미있다.)

➡ *It* is great fun **to play the guitar**.

To **master English in a few years** is difficult.

➡ *It* is difficult **to master English in a few years**.

(몇 년 내에 영어를 통달하는 것을 어렵다.)

2. 보어 역할 : 주어를 보충 설명하는 주격보어 역할을 한다.

My dream is **to be a poet**. (나의 꿈은 시인이 되는 것이다.)

The most important thing is **to keep healthy**.

(가장 중요한 것은 건강을 유지하는 것이다.)

His hobby is **to play soccer**. (그의 취미는 축구를 하는 것이다.)

3. 목적어 역할 : 타동사의 목적어 역할을 한다.

Many students want **to pass the exam**.

(많은 학생이 시험에 합격하기를 원한다.)

I would like **to see a film** tomorrow. (나는 내일 영화를 보고 싶다.)

He found *it* difficult **to solve the problem.** (가목적어 it / 진목적어 to부정사)

(그는 그 문제를 해결하는 것이 어렵다는 것을 알았다.)

4. 의문사 + to부정사 : 명사구로서 주어, 목적어, 보어 역할을 하지만, 목적어로 쓰이는 경우가 많다. 「의문사 + 주어 + should + 동사원형」 으로 바꿔 쓸 수 있다.

I don't know **what to do** next. (나는 다음에 무엇을 해야 할지 모르겠다.)

➡ I don't know **what I should do** next.

Please, tell me **when to start.** (언제 출발해야 할지 알려주세요.)

➡ Please tell me **when I should start.**

How to live is an important question in life.

➡ **How we should live** is an important question in life.

(어떻게 살아야 하는 것이 인생에서 중요한 문제이다.)

02 형용사적 용법

1. 한정적 용법 : 형용사처럼 명사 뒤에서 그 명사를 수식한다. / "~할, ~하는"

The old man had no *friends* **to help him.**

(그 노인은 그를 도와줄 친구가 전혀 없었다.)

Please, give me *something* **to drink.** (마실 것을 좀 주세요.)

She needs a *house* **to live in.** (그녀는 살 집이 필요하다.)

There are many *benches* **to sit on** in the park.

(공원에는 앉을 벤치가 많이 있다.)

2. 서술적 용법 : be + to부정사 (be to 용법)

문맥에 따라 '예정, 의무, 가능, 운명, 의도' 등으로 해석한다.

He *is* **to arrive** here tonight. (예정 = will, be going to)

(그는 오늘 밤 여기에 도착할 예정이다.)

People *are* **to follow** the traffic rules. (의무 = should, must)

(사람들은 교통규칙을 지켜야만 한다.)

Nothing *was* **to be seen** in the thick fog. (가능 = can)

(짙은 안개 속에서는 아무것도 볼 수 없었다.)

He *was* never **to go back** his homeland again. (운명 = be destined to)

(그는 자신의 고국으로 결코 다시는 돌아가지 못할 운명이었다.)

If you *are* **to succeed**, you must work hard. (의도 = intend to)

(당신이 성공하려면, 열심히 일해야 한다.)

03 부사적 용법

to부정사가 부사처럼 형용사, 부사, 문장 전체를 수식하며, 목적, 원인, 결과, 조건, 판단의 근거 등의 의미를 지닌다.

1. 목적 : "~하기 위하여, ~하러" (= in order to, so as to)

   He hurried to the station **to catch** the first train.

   ➡ He hurried to the station **in order to** catch the first train.

   ➡ He hurried to the station **so that** he **might** catch the first train.

   (그는 첫 기차를 잡아타기 위해서 역으로 서둘러 갔다.)

   She came here **to meet** me again. (그녀는 나를 다시 만나기 위해 여기에 왔다.)

2. 원인 : 감정의 형용사 + to부정사 / "~해서, ~하니"

   I am *glad* **to meet** you. (당신을 만나서 반갑습니다.)

   She was *disappointed* **to hear** the news. (그녀는 그 소식을 듣고서 실망했다.)

   He was *surprised* **to see** her there. (그는 거기서 그녀를 보고서 놀랐다.)

3. 결과 : "~해서 (그 결과) …하다"

   The boy grew up **to be** a great scientist.

   (그 소년은 자라서 위대한 과학자가 되었다.)

He left his hometown never **to return**.

(그는 고향을 떠나서 다시는 돌아오지 못했다.)

Jack worked hard **only to fail**. (=but failed)

(Jack은 열심히 일했지만 실패했을 뿐이다.)

4. 조건 : "하면, ~한다면"

I would be sad **to see you leave**. (= if I saw you leave)

(당신이 떠나는 것을 보면 나는 슬플 것이다.)

Susie will make a mistake **to accept the offer**. (=if she accept the offer)

(Susie가 그 제안을 받아들인다면 실수하는 것이다)

5. 판단의 근거 : must be, can't be + to부정사 / "~하다니, ~하는 것을 보니"

Ted *must be* rich **to buy** that car. (그 차를 사다니 Ted는 부자임이 틀림없다.)

She *can't be* a fool **to solve** the problem.

(문제를 해결한 것을 보니 그녀는 바보일 리가 없다.)

6. 형용사 수식 : "~하기에, ~하는데"

The English novel is *easy* **to understand**. (그 영어 소설은 이해하기에 쉽다.)

This water isn't *good* **to drink**. (이 물은 마시기에 좋지 않다.)

Jazz is *pleasant* music **to listen to**. (재즈는 감상하기에 즐거운 음악이다.)

7. 독립 부정사 : 관용적 표현으로 문장 전체를 수식한다.

To tell the truth, I haven't read the novel yet.

(사실대로 말해서, 나는 그 소설을 아직 읽지 않았다.)

Strange to say, it snowed in April. (이상한 말이지만, 4월에 눈이 내렸다.)

* to begin with (우선) = above all

* to be sure (분명히) = certainly

* so to speak (말하자면) = as it were

* to make matters worse (설상가상으로)

04 원형부정사(Root)

사역동사와 지각동사의 목적격 보어로 사용된다.

1. 사역동사(make, have, let) + 목적어 + 원형부정사

   준사역동사(help) + 목적어 + 원형부정사 / to부정사

   He made me *do* the work at once. (그는 내가 그 일을 즉시 하도록 만들었다.)

   Her mother had her *study* harder.

   (그녀의 어머니는 그녀가 더 열심히 공부하게 했다.)

   Let me *go* to the concert, please. (제발, 콘서트에 가도록 허락해 주세요)

   Jane helped me *(to) wash* the dishes. (Jane은 내가 설거지하는 것을 도왔다.)

2. 지각동사(see, watch, hear, feel 등) + 목적어 + 원형부정사/현재분사(진행)

   I saw Tom *go* out of the house. (나는 Tom이 그 집에서 나오는 것을 보았다.)

   I saw Tom *going* out of the house.

   (나는 Tom이 그 집에서 나오고 있는 것을 보았다. - 진행의 의미강조)

   She heard me *play* the piano. (그녀는 내가 피아노 치는 것을 들었다.)

   She heard me *playing* the piano.

   (그녀는 내가 피아노 치고 있는 것을 들었다. - 진행의 의미강조)

05 부정사의 의미상 주어

부정사가 나타내는 동작이나 상태의 주체를 가리킨다.

1. 의미상 주어를 생략하는 경우

   I want **to pass** the exam. (문장의 주어와 일치)

   (나는 시험에 합격하고 싶다.)

   I want her **to pass** the exam. (문장의 목적어와 일치)

   (나는 그녀가 시험에 합격하기를 원한다.)

   It is important **to learn** English. (일반인인 경우)

   (영어를 배우는 것은 중요하다.)

2. 의미상 주어를 표시하는 경우 : 의미상의 주어가 문장의 주어나 목적어와 달라서 밝혀줄 필
   요가 있는 경우에, 「for + 목적격」 또는 「of + 목적격」으로 나타낸다.

「for + 목적격」이 의미상 주어인 경우

It is difficult for him *to finish* the work by tomorrow.

(그가 내일까지 그 일을 끝내는 것은 어렵다.)

It is impossible for her *to travel* alone.

(그녀가 혼자서 여행을 하는 것은 불가능하다.)

「of + 목적격」이 의미상 주어인 경우

It is 다음에 kind, nice, good, clever, wise, foolish, stupid, careful, careless,
polite, impolite, rude 등 '사람의 성질이나 태도를 나타내는 형용사'가 오는 경우이다.

It is very **kind** of you *to say* so.

(그렇게 말하다니 당신은 참 친절하군요.)

It is **foolish** of her *to believe* what he said.

(그가 말한 것을 믿다니 그녀는 어리석다.)

06 부정사의 시제

1. 단순 부정사 : 「to+동사원형」의 형태로 술어 동사와 같은 시제를 나타낸다.

   He **seems** to be diligent. (그는 부지런한 것처럼 보인다.)

   ⇒ It **seems** that he is diligent.

   He **seemed** to be diligent. (그는 부지런했던 것처럼 보였다.)

   ⇒ It **seemed** that he was diligent.

2. 완료 부정사 : 「to+have p.p」의 형태로 술어 동사보다 이전 시제를 나타낸다.

   He **seems** to have been diligent. (그는 부지런했던 것처럼 보인다.)

   ⇒ It **seems** that he was diligent.

   He **seemed** to have been diligent. (그는 부지런했었던 것처럼 보였다.)

   ⇒ It **seemed** that he had been diligent.

1. too ~ to부정사 = so ~ that − can't 동사원형 … "너무 ~해서 …할 수 없다"

   He is too tired to walk any more.

   ➡ He is so tired that he can't walk any more.

   (그는 너무 피곤해서 더 이상 걸을 수 없다.)

   This box was too heavy for her to carry.

   ➡ This box was so heavy that she couldn't carry it.

   (이 상자는 너무 무거워서 그녀가 운반할 수 없었다.)

2. ~ enough to부정사 = so ~ that − can … "너무 ~해서 …할 수 있다"

   He is strong enough to lift the rock.

   ➡ He is so strong that he can lift the rock.

   (그는 너무 힘이 세서 그 바위를 들어 올릴 수 있다.)

   This book was easy enough for me to read.

   ➡ This book was so easy that I could read it.

   (이 책은 너무 쉬워서 내가 읽을 수 있었다.)

1. 다음 괄호 안의 단어를 바르게 배열하시오.

(1) Your English is (enough, to, good, have) a conversation.

(2) She was (excited, to, sleep, too).

(3) We studied hard (to, in, pass, order) the exam.

2. 다음 두 문장이 같아지도록 빈칸에 알맞은 말을 쓰시오.

(1) To play internet games with friends is a lot of fun.

➡ _____ to play internet games with friends.

(2) He seemed to meet her last night.

➡ It seemed that _____ last night.

(3) She was so rich that she could buy the house.

➡ She was _____ the house.

(4) The shoes were too small for her to wear.

➡ The shoes were so small that _____.

(5) It is natural that you do your best for the exam.

➡ It is natural _____ to do your best for the exam.

3. 다음 밑줄 친 곳에 가장 알맞은 것을 고르시오.

(1) She ordered the room _____ by ten.

① cleaning   ② to clean

③ to cleaning   ④ to be cleaned

(2) I watched the boys _____ around the island.

① swim   ② to swim

③ to swimming   ④ being swimming

(3) He was made _____ all day long.

① work   ② working

③ worked   ④ to work

Reading 독해 다지기

정답 183 쪽

1. 다음 글에서 밑줄 친 <u>recharge my batteries</u>가 뜻하는 것으로 알맞은 것은?

> I've been pretty stressed out for the past few months, but I always try to find time on the weekends **to recharge my batteries**. I love being outdoors and I always try to get far away from my studies in my free time. I drive up to the mountains with one or two friends and we hike all day, then we set up camp, and sleep under the stars at night. Hiking helps me to relax and to think through any problems I have. I know that after a weekend in the mountains I'll feel refreshed and ready to tackle anything – including those awful exams!

① 건전지를 충전하다.
② 폐품을 재활용하다.
③ 기름을 주유하다.
④ 허기를 채우다.
⑤ 원기를 회복하다.

stress out 스트레스를 주다   recharge 재충전하다   outdoors 야외에서
set up camp 야영 천막을 설치하다   relax 긴장을 풀다
think through 끝까지 (충분히) 생각하다, 통찰하다   refreshed 기운이 나는
tackle 달라붙다, 맞붙다   including ~을 포함하여   awful 끔찍한, 지독한

2. 다음 글의 흐름으로 보아, 주어진 문장이 들어가기에 알맞은 곳은?

> Occasionally, Tiger himself was prevented from playing golf.

Tiger Woods became a role model at an early age. (①) People look up to him, so he is very grateful. (②) Because many people helped Tiger as a child, he wants to lend a hand to others now. (③) Some people cannot play golf because of their ethnicity. Others do not have enough money. (④) Because of this, he created the Tiger Woods Foundation to help make golf open to everyone. (⑤) He likes to see diversity on the golf course, and he wants all children to play golf if they want to. Tiger is happy that many children now want to play golf because of him.

*ethnicity 인종, 민족(성)

look up to 존경하다   grateful 고마워하는   lend(give) a hand 도움을 주다, 돕다
foundation 재단, 설립, 기초   diversity 다양성   occasionally 때때로, 가끔

3. 다음 글에서 밑줄 친 <u>one problem</u>의 내용으로 알맞은 것은?

The Pumpkinfest is a contest to see who can grow the biggest pumpkin. People bring giant pumpkins and other giant vegetables. There is a contest for the world's biggest watermelon. There is even a contest for the world's biggest flowers. Many of the giant fruits and vegetables weigh more than 200 kilograms. At the Pumpkinfest, people walk around and look at the giant fruits and vegetables. They can even buy them after the contest and take them home. "There is only **one problem**," said a man who bought a giant pumpkin. "I can't get the pumpkin into my truck!"

① 호박이 맛이 없다.
② 호박이 너무 비싸다.
③ 호박이 무거워서 재배할 수 없다.
④ 호박이 너무 커서 다 먹을 수 없다.
⑤ 호박이 너무 커서 차에 실을 수 없다.

pumpkin 호박   giant 거대한   weigh 무게가 나가다

4. breadfruit에 관한 다음 글의 내용과 일치하지 **않는** 것은?

> The breadfruit is a round or oval fruit that grows on the tropical islands in the Pacific Ocean. It grows on a tree that reaches a height of about 12 meters and bears shiny dark green leaves, which are over 31 centimeters long. The fruit is first green in color. Then it turns brown, and if allowed to ripen fully, becomes yellow. Usually, breadfruit is gathered before it ripens and is cooked on hot stones. The pulp of breadfruit looks and feels much like new bread. When mixed with coconut milk, it makes a delicious and nourishing pudding.

① 모양이 둥글거나 타원형이다.
② 태평양 열대 지방의 섬에서 난다.
③ 약 12m 정도 자라는 나무에서 열린다.
④ 완전히 익으면 노란색으로 변한다.
⑤ 일반적으로 익은 후에 수확된다.

breadfruit 빵나무 열매   oval 타원형의   tropical 열대의   the Pacific Ocean 태평양
height 키, 높이   bear 몸에 지니다, 열매를 맺다   shiny 빛나는, 반짝이는   ripen 익다
gather 수확하다, 모으다   pulp 과육   nourishing 영양분이 많은

동명사 (Gerund)

동명사는 부정사, 분사와 같은 준동사의 일종이다. 동명사는 동사와 명사의 복합적인 성격을 지니므로 목적어나 보어를 취하며 부사의 수식을 받는다. 문장 속에서 주어, 목적어, 보어 역할을 한다.

Grammar 문법 익히기

01 동명사의 기본 용법 : 주어, 목적어, 보어 역할 / " ~하는 것, ~하기"

1. 주어 역할

   Reading comic books is his hobby. (만화책을 읽는 것이 그의 취미다.)

   Smoking is harmful to the health. (흡연은 건강에 해롭다.)

   Traveling alone can be very dangerous.

   (혼자 여행하는 것은 매우 위험할 수 있다.)

2. 보어 역할

   My dream is **winning the first prize** in the cooking contest.

   (내 꿈은 요리경연대회에서 1등 상을 받는 것이다.)

   Her job is **teaching English**. (그녀의 직업은 영어를 가르치는 것이다.)

   His business is **making a film**. (그의 사업은 영화를 제작하는 것이다.)

3. 목적어 역할 : 타동사와 전치사의 목적어 역할을 한다.

   Liam enjoys **playing** basketball on weekends.

   (Liam은 주말에 농구시합 하기를 즐긴다.)

   Liam is fond of **playing** basketball on weekends.

   (Liam은 주말에 농구 시합하기를 좋아한다.)

I like **growing** roses. (나는 장미 기르기를 좋아한다.)

= I like **to grow** roses.

동명사의 의미상 주어

1. 의미상 주어를 표시하지 않는 경우 : 문장의 주어나 목적어와 일치하거나 일반인이면 달리
   표시하지 않는다.

   I am always proud of **being** Korean. (나는 한국인임이 항상 자랑스럽다.)

   Thank *you* for **inviting** me. (나를 초대해주셔서 고맙습니다.)

   Walking is good exercise. (걷기는 좋은 운동이다.)

2. 의미상 주어를 표시하는 경우 : 명사(대명사)의 소유격으로 표시하는 것이 원칙이나, 명사
   의 경우 목적격을 쓰기도 하며 무생물은 대개 목적격으로 표시한다.

   I don't like *his* **telling** a lie. (나는 그가 거짓말하는 것을 좋아하지 않는다.)

   She is sure of *her son('s)* **being** honest.

   (그녀는 자기 아들이 정직하다는 것을 확신한다.)

   There is little chance of *the news* **being** true.

   (그 소식이 사실일 가능성은 거의 없다.)

03 동명사와 to부정사

동명사와 to부정사는 동사와 명사의 성격을 함께 지니고 있으므로 용법에 있어 공통점도 있
지만, 타동사의 목적어로 쓰일 때는 주의해서 구별해야 한다.

1. 동명사만 목적어로 취하는 동사 : stop, finish, give up, avoid, mind, enjoy, delay,
   postpone, put off, practice 등

   Ally enjoys **listening** to music on weekends. (Ally는 주말에 음악 듣기를 즐긴다.)

   Did you finish **writing** your article on Korea? (한국에 관한 기사 쓰기를 끝냈나요?)

   Robert should give up **smoking**. (Robert는 담배를 끊어야 한다.)

2. to부정사만을 목적어로 취하는 동사 : want, hope, expect, decide, promise, plan 등

What do you want **to buy** at the grocery store?

(당신은 식료품점에서 무엇을 사고 싶어요?)

I hope **to visit** that museum sometime. (나는 언젠가 그 박물관을 방문하고 싶다.)

He decided **to go** on a diet. (그는 다이어트를 시작할 것을 결심했다.)

3. 동명사와 to부정사 둘 다 목적어로 취하는 동사 (의미 차이 없음)

   – begin, start, like, love, continue 등

   Jonathan started **walking(to walk)** home with his children.

   (Jonathan은 아이들과 함께 집으로 걸어가기 시작했다.)

   Susan likes **playing(to play)** the guitar. (Susan은 기타 치기를 좋아한다.)

   The baby continued **crying(to cry)** loudly. (그 아기는 계속해서 크게 울었다.)

4. 동명사와 to부정사 둘 다 목적어로 취하는 동사 (의미 차이 있음)

   – remember, forget, try, regret 등

   ① remember(forget) + **동명사** : (과거에) ~했던 것을 기억하다 (잊다)

   　remember(forget) + **to부정사** : (미래에) ~해야 할 것을 기억하다 (잊다)

   　I remember **meeting** her last month. (지난 달에 그녀를 만났던 것을 기억한다.)

   　I remember **to meet** her next weekend. (다음 주말에 그녀를 만나야 할 것을 기억한다.)

   ② try + **동명사** : (어떻게 되나 보려고) 시험 삼아 해보다

   　try + **to부정사** : (어려운 일에 대해) ~하려고 애쓰다

   　She tried **wearing** the running shoes. (그녀는 그 운동화를 신어 보았다.)

   　She tried **to wear** the small running shoes.

   　(그녀는 그 작은 운동화를 신으려고 애썼다.)

   ③ regret + **동명사** : (과거에) ~했던 것을 후회하다

   　regret + **to부정사** : (현재, 미래에) ~해서 유감스럽게(애석하게) 생각하다

   　He regrets **lending** his car to her.

   　(그는 그녀에게 자신의 차를 빌려준 것을 후회한다.)

   　I regret **to say** that I can't go to the concert.

   　(나는 그 콘서트에 갈 수 없다고 말하게 되어 유감이다.)

④ stop + 동명사 (목적어) : ~하기를 멈추다

stop + to부정사 (부사적 용법 중 목적) : ~하기 위해 멈추다

We stopped **talking** when he came in. (우리는 그가 들어왔을 때, 이야기를 멈추었다.)

We stopped **to talk** while walking. (우리는 걷다가 이야기를 하기 위해서 멈추었다.)

04 동명사의 관용표현

1. **It is (of) no use** ~ing : ~해도 소용없다

It is no use crying over spilt milk. (엎질러진 우유를 한탄해도 소용없다.)

= **It is of no use** to cry over spilt milk.

2. **on** ~ing : ~하자마자

On receiving the letter, he turned pale. (편지를 받자마자 그는 창백해졌다.)

= **As soon as** he received the letter, he turned pale.

3. **can't / never** … **without** ~ing : …할 때마다, 늘 ~하다

They **can't** meet **without** fighting. (그들은 만날 때마다 늘 싸운다.)

= **Whenever** they meet, they always fight.

4. **be worth** ~ing : ~할 가치가 있다

The museum **is worth** visiting several times.

= The museum **is worthwhile** to visit several times.

(그 박물관은 여러 번 방문할 가치가 있다.)

5. **There is no** ~ing : ~하는 것은 불가능하다

There is no saying what may happen tomorrow.

= **It is impossible** to say what may happen tomorrow.

(내일 무슨 일이 일어날지 말하는 것은 불가능하다.)

6. **can't help** ~ing : ~하지 않을 수 없다

   I **can't help** falling in love with her.

   (나는 그녀를 사랑하지 않을 수 없다.)

   = I **can't but** fall in love with her.

7. **It goes without** saying **that** ~ : ~은 말할 필요도 없다

   It goes without saying **that** health is above wealth.

   = **It is needless** to say **that** health is above wealth.

   (건강이 부유함보다 낫다는 것은 말할 필요도 없다.)

8. **feel like** ~ing : ~하고 싶다

   I don't **feel like** having lunch now. (지금은 점심 먹고 싶지 않다.)

   = I don't **feel inclined** to have lunch now.

9. **be busy** ~ing : ~하느라 바쁘다

   Nancy is **busy** preparing for the exam. (Nancy는 시험준비를 하느라 바쁘다.)

10. **look forward to** ~ing : ~을 고대하다

    I'm **looking forward to** hearing from you soon.

    (나는 당신으로부터 곧 소식 듣기를 고대하고 있습니다.)

11. **be used to** ~ing : ~하는 데 익숙하다

    The old man **is used to** living alone. (그 노인은 혼자 사는 데 익숙하다.)

12. **keep(stop, prevent)+목적어(A)+from** ~ing : A가 ~하지 못하게 하다

    The heavy snow **kept us from** climbing the mountain.

    = **Because of** the heavy snow, we couldn't climb the mountain.

    = **Because** it snowed heavily, we couldn't climb the mountain.

    (폭설은 우리가 산에 오르지 못하게 했다 ➡ 눈이 많이 와서 산에 오르지 못했다.)

13. **have difficulty (in)** ~ing : ~하는 데 어려움을 겪다

These days, I **have difficulty (in)** remembering names.

(요즘, 나는 이름을 기억하는 데 어려움을 겪는다.)

14. **spend+돈/시간+(on, in)+~ing** : ~하느라 돈/시간을 소비하다

She **spent $30,000 (on)** buying a new car.

(그녀는 새 차를 사느라 3만 달러를 썼다.)

He **spent last weekend (in)** watching TV.

(그는 지난 주말을 TV 보는 데 보냈다.)

15. **be on the point of** ~ing : 막 ~하려 하다

They **are on the point of** leaving for Paris.

= They **are about** to leave for Paris. (그들은 막 파리를 향해 출발하려고 한다.)

1. 다음 괄호 안에서 올바른 것을 고르시오.

(1) (Walk / Walking) regularly is good for the health.

(2) He tried (to move / moving) the piano, but he couldn't.

(3) I remember (to play / playing) with dolls when I was a child.

(4) He forgot (to bring / bringing) his umbrella, so he got wet in the rain.

(5) She stopped (to work / working) last year to go abroad.

2. 다음 두 문장이 같아지도록 빈칸에 알맞은 말을 쓰시오.

(1) It is impossible to know what may happen.

➡ There is no _____ what may happen.

(2) It is needless to say that you are loved by your parents.

➡ It goes without _____ that you are loved by your parents.

(3) Whenever I meet her, I always think of my sister.

➡ I can't meet her without _____ of my sister.

(4) I couldn't but tell the truth in the court.

➡ I couldn't help _____ the truth in the court.

(5) As soon as he saw the police, he ran away.

➡ On _____ the police, he ran away.

3. 다음 밑줄 친 곳에 가장 알맞은 것을 고르시오.

(1) He enjoys _____ detective stories.

① to read   ② reading

③ to have read   ④ being read

(2) Would you mind _____ the house?

① of me to enter   ② that I enter

③ my entering   ④ for my entering

(3) She _____ up early in the morning.

① used to getting   ② is used to get

③ has used to get   ④ is used to getting

Reading 독해 다지기

정답 184 쪽

1. 다음 글의 내용과 일치하지 **않는** 것은?

> Today, young people want more and more adventure and excitement. The more dangerous the activities seem, the more excitement they experience. They prefer to snowboard or to go rock climbing. They love to go paragliding high in the sky or to go surfing on the top of high sea waves. These are called X-sports which is short for extreme sports.

① 젊은 사람들은 점점 더 많은 모험과 짜릿함을 원한다.

② 젊은 사람들은 활동이 위험해 보일수록 더욱더 짜릿함을 경험한다.

③ 젊은 사람들은 스노보드나 암벽타기를 좋아한다.

④ 패러글라이딩이나 파도타기 같은 것들이 X-sports이다.

⑤ X-sports는 X세대 sports의 줄임말이다.

adventure 모험   excitement 흥분, 짜릿함, 자극   dangerous 위험한   activity 활동
experience 경험(하다)   prefer 선호하다   rock climbing 암벽등반   paragliding 패러글라이딩
wave 파도   X-sports 과격한(극한) 스포츠   be short for ~의 줄임말이다

2. 다음 글의 종류로 가장 적절한 것은?

Singapore has announced details of its New Year campaign against chewing gum. The government said the ban would begin on Monday. City cleaners complained about removing gum from public places and subway trains. Trains couldn't run on schedule because gum got stuck in the doors and kept them from closing. A person who imports gum into the country must pay a fine of $7,190 or spend a year in jail. Those who sell gum can be fined up to $1,426. Tourists will have to declare chewing gum on customs documents.

① 신문기사
② 뉴스논평
③ 여행 안내문
④ 조사 보고서
⑤ 연구 논문

announce 발표(공고)하다   detail 세부사항   campaign 캠페인, 사회운동   chewing gum 껌
government 정부   ban 금지(하다)   complain 불평하다   remove 제거하다
on schedule 예정(표)대로   stick-stuck-stuck 달라붙다, 붙이다   import 수입(하다)
fine 벌금(을 부과하다)   jail 감옥   declare 신고하다   customs documents 세관 신고서

3. 다음 글의 필자가 주장하는 것으로 가장 적절한 것은?

> Creativity is the ability to produce new and original ideas and things. It is a special ability that only a small number of people have. The difference between average people and great people is this ability. It cannot be developed, however hard you may try. Great people are born with it. And, creativity is exercised mainly in a few fields such as art and science. Great people like Beethoven, Leonardo da Vinci and Einstein are good examples.

① 창의력은 타고나는 것이다.
② 창의력은 특별한 능력이 아니다.
③ 창의력은 계발될 수 있는 것이다.
④ 창의력은 모든 분야에서 발휘될 수 있다.
⑤ Beethoven이나 Einstein을 본받아야 한다.

creativity 창의력, 창의성   ability 능력   original 독창적인   produce 만들어내다
difference 차이(점)   average 보통의, 평균   develop 계발(개발)하다   field 분야
however 아무리 ~한다고 하더라도   exercise 발휘(훈련)하다   example 예, 보기

4. 다음 글의 빈칸에 들어갈 가장 알맞은 것은?

There's a saying, "Laughter is the best medicine." There may be some who wouldn't agree with it, but the effects of laughter are much greater than you think. When you laugh, the blood circulation in your whole body increases, your lungs become clean, and your whole body becomes stronger. _____, when you laugh, your brain works better. If you don't understand the importance of laughing, it's important for you to discover its true value.

① However

② Therefore

③ In addition

④ In short

⑤ Instead

saying 속담, 격언   laughter 웃음   medicine 약, 의학   effect 효과, 영향, 결과
blood 혈액, 피   circulation 순환, 유통   whole 전부의, 온 ~의   increase 증가(하다)
lung 폐, 허파   importance 중요성, 중대함   discover 발견하다   value 가치

분사는 부정사, 동명사와 같은 준동사이다. 동사원형에 ~ing를 붙여 만드는 현재분사와 대개 ~ed를 붙여 만들지만, 불규칙 변화하는 과거분사도 있다. 분사는 형용사로서 명사를 수식하거나 보어로 쓰이며, 분사구문을 만들기도 한다.

<u>Grammar</u> 문법 익히기

01 분사의 형태와 종류

1. **현재분사(동사원형+ing)** : 능동과 진행의 의미를 지닌다. "~하고 있는, ~하게 하는"

   I heard a **surprising** news just now. (나는 조금 전에 놀라운 소식을 들었다.)

   The boy **sitting under the tree** is my cousin.

   (나무 밑에 앉아있는 소년이 나의 사촌이다.)

2. **과거분사(동사+ed / 불규칙)** : 수동이나 완료의 의미를 지닌다. "~된, ~진"

   Injured workers were sent to the hospital.

   (상처 입은 근로자들이 병원으로 보내졌다.)

   This is the poem **written 100 years ago**. (이것은 100년 전에 쓰인 시이다.)

02 분사의 용법

1. 한정적 용법 : 명사의 앞이나 뒤에서 명사를 꾸며 준다.

   The temperature of **boiling** *water* is over 100°C.

   (끓는 물의 온도는 섭씨 100도가 넘는다.)

It smells like **rotten** *cheese*. (그것은 썩은 치즈와 같은 냄새가 난다.)

The *woman* **standing at the door** is my science teacher.

(문가에 서 있는 여자분이 나의 과학 선생님이시다.)

I bought a new *cellphone* **made in Korea** yesterday.

(나는 어제 한국에서 만든 새 휴대전화를 샀다.)

2. 서술적 용법 : 주격보어나 목적격 보어로 쓰인다.

Jackson came **running** all the way. (Jackson은 줄곧 뛰어왔다.)

The actress stood **surrounded** by her fans.

(그 여배우는 팬들에 둘러싸여 서 있었다.)

He found *his bag* **stolen**. (그는 자신의 가방이 도난당한 것을 알았다.)

Sophie heard *her name* **called** behind her.

(Sophie는 뒤에서 이름이 불리는 걸 들었다.)

03 분사구문

시간, 이유, 조건, 양보의 부사절이나 부대 상황(연속 동작, 동시 동작)의 종속절을 분사를 이용하여 간단히 만든 형태의 문장이다.

1. 분사구문 만드는 법

① 부사절(종속절)의 접속사를 없앤다.

② 부사절(종속절)의 주어와 주절의 주어가 일치하면 없애고, 다르면 그대로 둔다.

③ 부사절(종속절)과 주절의 시제가 같으면 부사절의 동사를 「동사원형+~ing」 형태로, 한 시제 앞서면 「having+p.p」의 형태로 쓴다.

④ 분사구문의 형태가 being이나 having 다음에 현재분사나 과거분사가 오면, being이나 having은 생략할 수 있다.

When he saw me, he ran away.

→ **Seeing** me, he ran away.

2. 분사구문이 나타내는 의미

　① 시간 (when, as, while, before, after) + 주어 + 동사

　　When I arrived home, I realized I had no keys.

　　➡ **Arriving** home, I realized I had no keys.

　　　(집에 도착했을 때, 나는 열쇠가 없다는 것을 깨달았다.)

　② 이유 (because, as, since) + 주어 + 동사

　　As he had no money, he couldn't buy a new cellphone.

　　➡ **Having** no money, he couldn't buy a new cellphone.

　　　(돈이 없어서 그는 새 휴대전화를 살 수 없었다.)

　③ 조건 (if) + 주어 + 동사

　　If you turn to the left there, you'll find the bank.

　　➡ **Turning** to the left there, you'll find the bank.

　　　(거기서 왼쪽으로 돌면, 그 은행을 찾을 것이다.)

　④ 양보 (though, although) + 주어 + 동사

　　Though she was so smart, she couldn't solve the puzzle.

　　➡ **Being** so smart, she couldn't solve the puzzle.

　　　(매우 영리했지만, 그녀는 그 수수께끼를 풀 수 없었다.)

　⑤ 동시 동작

　　While he was listening to music, he did his homework.

　　➡ **(Being) Listening** to music, he did his homework.

　　　(그는 음악을 들으며, 숙제했다.)

　⑥ 연속 동작

　　A man came up to her, **and asked** her name.

　　➡ A man came up to her, **asking** her name.

　　　(어떤 남자가 그녀에게 다가와서, 그녀의 이름을 물었다.)

3. 주의해야 할 분사구문

　① 접속사 + 분사구문 : 의미를 분명하게 나타내기 위해, 접속사를 남겨두는 예도 있다.

　　When I speak English, I am nervous.

　　➡ *When* **speaking** English, I am nervous. (영어를 말할 때, 나는 긴장한다.)

② 분사구문의 부정 : not, never 등의 부정어를 분사 앞에 둔다.

As I didn't know what to say, I kept silent.

➡ *Not* **knowing** what to say, I kept silent.

　(무슨 말을 해야 할지 몰라서 나는 잠자코 있었다.)

③ 수동형 분사구문 : 부사절(종속절)이 수동태일 때, 분사구문은 「being+p.p」 또는
「having been+p.p」의 형태가 되는데, **being**이나 **having been**은 생략한다.

When she was left alone, she began to cry.

➡ *(Being)* **Left** alone, she began to cry.

　(혼자 남겨졌을 때, 그녀는 울기 시작했다.)

As it was written in haste, the book has many mistakes.

➡ *(Having been)* **Written** in haste, the book has many mistakes.

　(급하게 쓰였기 때문에, 그 책에는 잘못된 곳이 많다.)

④ 독립분사구문 : 분사구문의 의미상 주어가 주절의 주어와 다를 경우, 분사 앞에 의미상
주어를 표시한다.

If it is fine this weekend, I will go on a picnic with my family.

➡ *It* **being** fine this weekend, I will go on a picnic with my family.

　(이번 주말에 날씨가 좋으면, 나는 가족과 함께 소풍 갈 것이다.)

As the book is written in French, I can't understand a word.

➡ *The book* **written** in French, I can't understand a word.

　(그 책은 프랑스어로 쓰여 있어서, 나는 한 마디도 이해할 수 없다.)

⑤ 비인칭 독립분사구문 : 분사구문의 의미상 주어가 일반인인 경우, 주절과 달라도 생략
한다.

If we speak generally, women live longer than men.

➡ **Generally speaking**, women live longer than men.

　(일반적으로 말해서, 여자가 남자보다 더 오래 산다.)

Judging from his accent, he must be British.

(그의 말씨로 **판단하건대**, 그는 영국 사람임이 틀림없다.)

Considering his age, he looks very young.

(나이를 **고려해보면**, 그는 매우 젊게 보인다.)

<u>Check up</u> 문법 다지기

1. 다음 괄호 안에서 올바른 것을 고르시오.

(1) The movie was very (boring / bored).

(2) The soccer game was (exciting / excited) last night.

(3) When I heard the news, I was (surprising / surprised).

(4) There are many (falling / fallen) leaves on the ground.

(5) She is (interesting / interested) in science.

2. 다음 두 문장이 같아지도록 빈칸에 알맞은 말을 쓰시오.

(1) After she had done her homework, she went out with her friends.

➡ _____ her homework, she went out with her friends.

(2) Though he was rich, he couldn't buy happiness.

➡ _____ rich, he couldn't buy happiness.

(3) When he was left alone, he was afraid of the dark.

➡ _____ alone, he was afraid of the dark.

(4) If you go straight ahead, you will find the information center.

➡ _____ straight ahead, you will find the information center.

(5) As I got up early, I had plenty of time to get ready.

➡ _____ early, I had plenty of time to get ready.

3. 다음 밑줄 친 곳에 가장 알맞은 것을 고르시오.

(1) I heard my name _____ behind me.

① to call   ② calling

③ called   ④ call

(2) She had her car _____ yesterday.

① wash   ② to wash

③ washing   ④ washed

(3) _____ what to say, I kept silent.

① Knowing not   ② Not knowing

③ Known not   ④ Not known

Reading 독해 다지기

정답 185 쪽

1. 다음 글의 빈칸에 들어갈 말로 가장 적절한 것은?

What is the most traditional Korean dish? It must be kimchi. It is made with cabbage and a variety of seasoning including red pepper. Kimchi is such an essential side dish that few Koreans have meals without it. Do you like kimchi? Some of you may not like it very much, but some foreigners who live in Korea find kimchi very _____. They like it because it is not only tasty but also good for their health.

① strong

② sweet

③ cheap

④ tasty

⑤ expensive

traditional 전통적인   dish 음식, 접시   cabbage (양)배추   a variety of 다양한
seasoning 양념   include 포함하다   essential 필수적인   side dish 반찬
not only A but also B A뿐만 아니라 B도 역시   health 건강

2. 다음 글의 밑줄 친 <u>That</u>이 가리키는 것으로 가장 알맞은 것은?

> There are a number of actions you can take to reduce your chances of being hurt in a traffic accident. First, when you are in a car, always wear a seat belt. Even if you are sitting in the back seat, you should wear your seat belt. In addition, whether you are in a car or using public transportation, you should not bother the driver. <u>**That**</u> means sitting quietly, and not disturbing other passengers, leaning out of the window or talking loudly with friends.

① 안전 벨트를 매는 것
② 조용히 앉아 있는 것
③ 교통사고를 예방하는 것
④ 운전사를 방해하지 않는 것
⑤ 대중교통 수단을 이용하는 것

a number of 많은   action 행동, 활동   reduce 줄이다   chance 가능성, 기회   hurt 다치게 하다
even if 비록 ~라 할지라도   in addition 게다가, 더욱이   whether A or B A이든 B이든
public transportation 대중교통(수단)   bother 괴롭히다, 성가시게 하다   disturb 방해하다
passenger 승객   lean out of the window 창밖으로 몸을 내밀다

3. 다음 글에서 전체 흐름과 관계<u>없는</u> 문장은?

One big obstacle to a good presentation is fear to face the audience. This is such a common fear that it has its own name: stage fright. ① If you are well prepared with your speech content and presentation strategies, you need not fear your audience. ② Speak in a loud, clear voice. ③ No audience can agree with your ideas if they can hear you! ④ Make eye contact with the audience. ⑤ This will make the people feel as if you are talking to them personally.

obstacle 장애(물), 방해 presentation 발표 fear 공포, 두려워하다 face 마주하다
audience 청중, 관객 common 흔한, 일반적인, 공통적인 stage fright 무대 공포증
be prepared with 준비하다 content 내용(물), 목차 strategy 전략 contact 접촉
as if 마치 ~인 것처럼 personally 개인적으로, 직접

4. 다음 글이 주는 분위기로 가장 알맞은 것은?

> My wife still has the copper ring that I gave her on our wedding day. She has never forgotten me, even after 50 years. I finally kept the promise I made to her 50 years ago by putting a gold ring on her finger. Neither of us could say a word, but we deeply understood each other's feelings — how much we had longed for each other and how many years of suffering had passed.

① positive

② moving

③ boring

④ humorous

⑤ mysterious

copper ring 구리반지   finally 마침내   neither of ~의 둘 다 …이 아니다
long for 열망(갈망)하다, 그리워하다   suffering 고통, 괴로움   positive 긍정적인
moving 감동적인   boring 지루한   humorous 유머러스한   mysterious 신비한, 기이한

가정법 (Subjunctive Mood)

과거나 현재의 사실을 있는 그대로 표현하는 것을 직설법이라고 하며, 과거나 현재의 사실과 반대되는 일을 가정하거나 현재나 미래의 불확실한 상상을 표현하는 것을 가정법이라고 한다.

Grammar 문법 익히기

01 가정법의 종류

1. 가정법 과거

현재 사실과 반대되는 일이나, 현재 혹은 미래에 실현 가능성이 희박한 일을 가정

> If + S + V(과거형/were) + ~, S + would/could/might + 동사원형 + …
> "만약 ~라면, …일(할) 텐데" → 시제는 과거이지만 현재로 해석!

If I were a bird, I could fly to her.

➡ As I am not a bird, I can't fly to her.

　(만약 내가 새라면, 그녀에게 날아갈 수 있을 텐데.)

If she were not lazy, I would employ her.

➡ As she is lazy, I don't employ her.

　(만약 그녀가 게으르지 않다면, 그녀를 고용할 텐데)

If he had enough time, he could go shopping with Amanda.

➡ As he doesn't have enough time, he can't go shopping with Amanda.

　(만약 그가 시간이 충분히 있다면, 그는 Amanda와 함께 쇼핑하러 갈 수 있을 텐데.)

2. 가정법 과거완료

과거 사실과 반대되는 일이나, 과거에 실현하지 못한 일을 가정

> If + S + had p.p + ~, S + would/could/might + have p.p + ⋯
> "만약 ~이었다면, ⋯이었을(했을) 텐데" → 시제는 과거완료이지만 과거로 해석!

If she had not been lazy, I would have employed her.

➡ As she was lazy, I didn't employ her.

(만약 그녀가 게으르지 않았다면, 그녀를 고용했을 텐데.)

If we had gone there by subway, we could have saved time.

➡ As we didn't go there by subway, we couldn't save time.

(만약 우리가 지하철로 거기에 갔더라면, 우리는 시간을 절약할 수 있었을 텐데.)

3. 가정법 현재

현재 또는 미래의 실현 가능성이 불확실한 일을 가정

> If + S + V(현재형/원형) + ~, S + will/can/may + 동사원형 + ⋯
> "만약 ~라면, ⋯할 것이다"

If it is(be) fine this weekend, I will go on a picnic with my family.

(만약 이번 주말에 날씨가 좋으면, 나는 가족과 함께 소풍 갈 것이다.)

If he doesn't come in time, he will miss the train.

(만일 그가 시간에 맞춰서 오지 않는다면, 그는 기차를 놓칠 것이다.)

4. 혼합 가정법

현재까지 영향을 미치고 있는 과거(if절)의 일과 현재(주절)의 사실을 반대로 가정

> If + S + had p.p + ~, S + would/could/might + 동사원형 + ⋯
> 조건절 : 가정법 과거완료   주절 : 가정법 과거

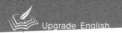

If he had stopped smoking, he would be healthy now.

➡ As he didn't stop smoking, he isn't healthy now.

(그가 금연했더라면, 지금 건강할 텐데.)

---

02 특별한 형태의 가정법

1. I wish 가정법 과거 : "~라면 참 좋을 텐데" / 현재의 이룰 수 없는 소망

   I wish 가정법 과거완료 : "~이었다면 참 좋을 텐데" / 과거에 이루지 못한 소망

   I wish I could see her. (그녀를 만날 수 있다면 참 좋을 텐데.)

   ➡ I am sorry that I can't see her.

   I wish I had not said so. (그렇게 말하지 않았더라면 참 좋을 텐데.)

   ➡ I am sorry that I said so.

2. as if 가정법 과거 : "마치 ~인 것처럼" / 주절의 시점과 같은 때를 나타낸다.

   as if 가정법 과거완료 : "마치 ~이었던 것처럼" / 주절의 시점보다 앞선 때를 나타낸다.

   He talks as if he knew the truth.

   ➡ In fact, he doesn't know the truth. (그는 마치 진실을 아는 것처럼 말한다.)

   She talks as if she had majored in law.

   ➡ In fact, she didn't major in law. (그녀는 마치 법을 전공했던 것처럼 말한다.)

3. without 가정법

   > Without ~ = But for ~
   > ➡ 가정법 과거 : If it were not for ~ : 만약 ~이 없다면,
   > ➡ 가정법 과거완료 : If it had not been for ~ : 만약 ~이 없었다면

Without your help, I could not succeed.

➡ **If it were not for** your help, I could not succeed.

  (당신의 도움이 없다면, 나는 성공할 수 없을 것이다.)

Without your advice, I wouldn't have passed the exam.

➡ **If it had not been for** your advice, I wouldn't have passed the exam.

  (당신의 조언이 없었다면, 나는 시험에 합격하지 못했을 것이다.)

4. if의 생략

> 조건절(if절)의 동사가 were, had p.p일 경우, if를 생략하고,
> 주어와 동사의 위치를 바꾼다. → Were / Had + 주어 + ~

Were I you, I would not do such a thing.

➡ If I were you, I would not do such a thing.

  (내가 당신이라면, 그런 일은 하지 않을 텐데.)

Had you followed my advice, you wouldn't have failed again.

➡ If you had followed my advice, you wouldn't have failed again.

  (당신이 나의 조언을 따랐더라면, 또다시 실패하지 않았을 텐데.)

Check up 문법 다지기

정답 186 쪽

1. 다음 괄호 안에서 올바른 것을 고르시오.

(1) If I (knew / had known) the answer, I would tell it to you.

(2) If I (knew / had known) the answer, I would have told it to you.

(3) If he (is / were) wise, he could solve it.

(4) I wish it (is / were) winter now.

(5) Sometimes Peter acts as if he (is / were) a child.

2. 다음 두 문장이 같아지도록 빈칸에 알맞은 말을 쓰시오.

(1) As he is busy, he will not visit her.

➚ If he _____ busy, he would visit her.

(2) As you live so far away, we can't meet you.

➚ If you _____ _____ so far away, we could meet you.

(3) If you had longer legs, you could run faster.

➚ As you _____ _____ longer legs, you can't run faster.

(4) As she didn't come earlier, she couldn't meet him.

➚ If she _____ _____ earlier, she could have met him.

(5) Without water, all living things would die.

➚ _____ for water, all living things would die.

➚ If it _____ _____ for water, all living things would die.

3. 다음 밑줄 친 곳에 가장 알맞은 것을 고르시오.

(1) If he _____ honest, I will employ him.

① is   ② were

③ will be   ④ had been

(2) If I lost my key, I _____ able to lock the door.

① won't be   ② wouldn't be

③ won't have been   ④ wouldn't have been

(3) If I _____ money, I could have bought it.

① had   ② didn't have

③ had had   ④ had not have

1. 다음 글의 목적으로 가장 적절한 것은?

> Tigers are very important in Asian history. You can see them in many old Korean paintings. The tiger in Korea has been extinct for a long time. Tigers are the largest of the cat family. They eat meat only and are very strong. Tigers weigh 180~260kg, are 1.4~2.7m long, and can be as tall as 1.1m. They can jump more than 9 meters, climb trees, and swim for miles.

① to inform

② to warn

③ to amuse

④ to persuade

⑤ to criticize

painting 그림, 회화   extinct 사멸한, 멸종된   cat family 고양잇과   meat 고기
weigh 무게를 달다, 무게가 나가다   climb (기어)오르다, 등반하다   inform 알려 주다
warn 경고하다   amuse 즐겁게 하다   persuade 설득하다   criticize 비난하다, 비평하다

2. 다음 글의 빈칸에 들어갈 연결어로 가장 알맞은 것은?

> One day, he watched a TV program about animal rights and environmental pollution. It shocked him. For the first time, he realized the importance of caring for the earth. On his twelfth birthday, he didn't ask for a new bicycle or a trip to Disneyland like other children. _____, he asked his family and friends to help him save the earth. With only a little money, he and his friends founded the organization, 'Earth 2020'. Its purpose was to save the earth by the year 2020.

① However

② Therefore

③ Moreover

④ Instead

⑤ Besides

right 권리   environmental 환경의   pollution 오염, 공해   realize 깨닫다   importance 중요성
care for 돌보다, 보살피다   ask for 요청(요구)하다   trip 여행   save 구하다, 살리다, 저축하다
found 설립하다   organization 기구, 조직   purpose 목적   therefore 그러므로
Moreover 게다가, 더욱이 = besides   instead 대신에

3. 다음 글에서 필자가 고민하는 것은?

> I'm a high school girl, a freshman. At my middle school, I used to have quite a few friends. Unfortunately, now I don't have any friends in my class. I'm too shy to make friends with the girls sitting nearby. I'm scared they won't welcome me or want to talk to me. Next week we're going to have a school picnic. I don't want to go. I feel miserable and totally left out.

① 학교에 가기 싫다.
② 성적이 떨어진다.
③ 학교에 친구가 없다.
④ 친구들이 귀찮게 한다.
⑤ 소풍 가기가 싫다.

freshman 1학년, 신입생   used to+동사원형 ~하곤 했었다   quite a few = many 많은
unfortunately 유감스럽게도, 불행하게도   shy 수줍은, 부끄러운   nearby 가까이에, 바로 옆에
make friends with ~와 사귀다   scared 무서운, 겁먹은   miserable 비참한   totally 완전히
left out 버려진, 소외된

4. 다음 글의 제목으로 가장 적절한 것은?

> There are many advantages to being a fluent English speaker. First, you can meet and converse with people from different countries. English has become a common language in the world. Second, do you know that about 85% of the information on the Internet is in English? That's right. A person who cannot use English is very limited in the computer age. Third, many common jobs depend on some level of English ability.

① 영어와 직업과의 관계
② 영어를 배우는 방법
③ 영어가 사용되는 나라
④ 영어와 인터넷과의 관계
⑤ 영어를 잘하면 유리한 점

advantage 유리한 점, 이점   fluent 유창한   converse with ~와 대화를 나누다
common 일반적인, 흔한   information 정보, 지식, 안내   limit 제한하다   age 시대
depend on ~에 의존하다, 달려있다   level 수준, 정도   ability 능력

전치사와 접속사 (Preposition & Conjunction)

영어문장을 어디서 끊어야 할지 모른다면, 전치사나 접속사를 찾아보면 된다. 그 앞이 하나의 의미 덩어리이고, 전치사나 접속사를 포함한 뒷부분은 문맥에 따라 다양한 의미를 지니므로 적절한 의미를 파악하는 것이 중요하다.

Grammar 문법 익히기

01 전치사

1. 전치사의 역할과 쓰임

전치사는 명사나 명사 상당 어구와 함께 쓰여 문장에서 형용사나 부사의 역할을 한다.

전치사 +	명사	
	대명사	전치사의 목적어 역할을 하므로 반드시 목적격을 쓴다.
	동명사	동사가 올 경우, 동명사(동사원형+ing)로 바꾼다.

He is a man **of wisdom**. (= wise) (그는 지혜로운 남자이다.)

This book is **of use**. (= useful) (이 책은 쓸모 있다.)

She solved the problem **with ease**. (= easily) (그녀는 그 문제를 쉽게 풀었다.)

He looked **at her** carefully. (그는 그녀를 주의 깊게 바라보았다.)

Thank you **for inviting** us. (우리를 초대해 주셔서 고맙습니다.)

2. 장소, 방향을 나타내는 전치사

① at (좁은 장소) / in (넓은 장소, 도시, 나라)

Let's meet **at** the bus stop. (버스 정거장에서 만나자.)

I am staying **in** New York with my family. (나는 가족과 함께 뉴욕에 머물고 있다.)

② on (접촉한 바로 위에) ↔ beneath (접촉한 바로 밑에)

My book **was on** her desk. (내 책은 그녀의 책상 위에 있었다.)

The boat sank **beneath** the waves. (그 배는 파도 밑으로 가라앉았다.)

③ over (떨어져서 바로 위에) ↔ under (떨어져서 바로 아래에)

A lamp is hanging **over** the table. (램프가 식탁 위에 매달려 있다.)

A coin was **under** the bench. (동전 하나가 벤치 아래에 있었다.)

④ above (~보다 위쪽에) ↔ below (~보다 아래쪽에)

We saw the moon **above** the hill. (우리는 언덕 위쪽으로 달을 보았다.)

This elevator doesn't stop **below** the fifth floor.

(이 엘리베이터는 5층 이하에서는 서지 않습니다.)

⑤ into (안으로) ↔ out of (밖으로)

I quietly walked **into** the room. (나는 그 방 안으로 조용히 걸어 들어갔다.)

He got **out of** the room quickly. (그는 빠르게 그 방 밖으로 빠져나갔다.)

⑥ between (둘 사이에) / among (셋 이상의 사이에)

Q comes **between** P and R in the English alphabet.

(영어 알파벳에서 Q는 P와 R 사이에 온다.)

I had to choose only one person **among** those people.

(그 사람들 중에서 오직 한 사람만 뽑아야 했다.)

⑦ along (~을 따라서) / across (~을 가로질러) / toward (~쪽으로)

They ran **along** the beach. (그들은 해변을 따라 달렸다.)

The theater is **across** the market. (극장은 시장 건너편에 있다.)

He was walking **toward** the post office where he worked.

(그가 일하는 우체국 쪽으로 걸어가고 있었다.)

3. 시간을 나타내는 전치사

① at (시각, 시점) / on (요일, 날짜) / in (월, 계절, 연도)

I usually go to bed **at** eleven. (나는 보통은 11시에 잠자리에 든다.)

What do you do **on** Sunday? (일요일에는 무엇을 하나요?)

It's hot and humid **in** summer. (여름엔 무덥고 습하다.)

② before (전에) / after (후에) / in (현재부터 ~이 지난 후에) / within (이내에)

Be seated **before** the bell. (종이 울리기 전에 앉아라.)

Call me **after** school, OK? (방과 후에 전화해, 알았지?)

Open your eyes **in** three minutes. (3분이 지난 후에 눈을 떠라.)

You will receive a reply **within** seven days.

(당신은 7일 이내에 답장을 받게 될 겁니다.)

③ for+숫자로 표시되는 기간 (~동안) / during+특정 기간 (~동안)

/ through (~동안 줄곧, 내내)

They have been starving **for** two days. (그들은 이틀 동안 굶었다.)

She stayed there **during** the holidays. (그녀는 휴가 동안 거기에 머물렀다.)

We talked on the phone **through** the night. (우리는 밤새 전화 통화를 했다.)

④ until(till) (~까지 : 동작의 계속) / by (~까지 : 동작의 완료)

Wait **until** she comes here. (그녀가 올 때까지 기다려라.)

Could you finish this **by** noon? (정오까지 이것을 끝낼 수 있나요?)

⑤ from (~부터 : 출발점) / since (~부터, 이후로 : 그때부터 지금까지 계속)

I'm going to start my diet **from** next Monday.

(다음 주 월요일부터 다이어트를 시작할 겁니다.)

He has been abroad **since** 1990. (그는 1990년 이후로 계속 해외에 있었다.)

4. 그 밖의 전치사

① of (물리적 변화) / from (화학적 변화)

This medal is made **of** gold. (이 메달은 금으로 만들어진다.)

Cheese is made **from** milk. (치즈는 우유로 만든다.)

② in (~로 : 재료) / by (~을 타고 : 교통수단) / with (~을 가지고 : 도구)

There was a picture **in** oils on the wall. (벽에는 유화로 된 그림이 하나 있었다.)

I always go to work **by** subway. (나는 늘 지하철을 타고 출근한다.)

Cut it **with** a knife. (그것을 칼을 가지고 잘라라.)

③ for (~을 찬성하는 = in favor of) / against (~을 반대하는)

I'm **for** the opinion. (나는 그 의견에 찬성합니다.)

I'm **against** the plan. (나는 그 계획에 반대합니다.)

02 접속사

접속사는 단어와 단어, 구와 구, 절과 절을 연결해 주는 말로, 크게 등위접속사, 등위 상관접속사, 종속접속사로 나뉜다.

1. 등위접속사

　① 기본 용법 : 동일한 품사나 문법적 특성이 대등한 어구를 연결한다. and (그리고), but (그러나), or (또는, 그렇지 않으면), for (왜냐하면), so (그래서) 등이 있다.

　　The store sells vegetables **and** fruit at a very low price.

　　(그 상점은 아주 싼 가격에 채소와 과일을 판다.)

　　I'm young, **but** I know what love is. (나는 어리지만, 사랑이 무엇인지 안다.)

　　Jane, which do you like better, pasta **or** pizza?

　　(파스타와 피자 중에서 어떤 것을 더 좋아하니, Jane?)

　　The baby must be hungry, **for** he is crying.

　　(그 아기는 배고픈 게 틀림없다, 왜냐하면 울고 있기 때문이다.)

　　It began to snow, **so** I took out my gloves.

　　(눈이 내리기 시작했다, 그래서 장갑을 꺼냈다.)

　② 기타 용법

　　A : 명령문 ~, **and** … 「~해라 그러면 …할 것이다.」

　　B : 명령문 ~, **or** … 「~해라 그렇지 않으면 …할 것이다.」

　　Study hard, and you will pass the exam.

　　= If you study hard, you will pass the exam.

　　　(열심히 공부해라, 그러면 시험에 합격할 것이다.)

　　Study hard, or you will fail the exam again.

　　= If you don't study hard, you will fail the exam again.

　　= Unless you study hard, you will fail the exam again.

　　　(열심히 공부해라, 그렇지 않으면 시험에 또 실패할 것이다.)

2. 등위 상관접속사

　① both A and B 「A와 B 둘 다」

　　Both he **and** I are right. (그와 나 둘 다 옳다.)

② either A or B 「A와 B 둘 중 하나」

    Either he **or** I am right. (그와 나 둘 중 하나는 옳다.)

③ neither A nor B 「A와 B 둘 다 ~ 아닌」

    Neither he **nor** I am right. (그와 나 둘 다 옳지 않다.)

④ not A but B 「A가 아니라 B」

    Not he **but** I am right. (그가 아니라 내가 옳다.)

⑤ not only A but also B = B as well as A 「A뿐만 아니라 B도 역시」

    Not only he **but also** I am right. (그뿐만 아니라 나도 역시 옳다.)

    = I **as well as** he am right.

3. 명사절을 이끄는 종속접속사

    ① that 「~라는 것」

        That he is honest is certain. [주어] (그가 정직하다는 것은 확실하다.)

        = **It** is certain **that** he is honest.

        The trouble is **that** we are short of money. [보어]

        (문제는 우리가 돈이 부족하다는 것이다.)

        I believe **that** you are innocent. [목적어] (나는 당신이 결백하다는 것을 믿는다.)

        There is a chance **that** we may win the game. [동격]

        (우리가 시합에서 이길 가능성이 있다.)

    ② whether / if 「~인지 아닌지」 : whether가 이끄는 명사절은 주어, 목적어, 보어 역할을 하며, if가 이끄는 절은 목적어 역할만 한다.

        Whether they will travel to Mexico (or not) is not clear. [주어]

        (그들이 멕시코로 여행할지는 분명하지 않다.)

        The question is **whether** he will accept my offer or not. [보어]

        (문제는 그가 나의 제안을 수락할 것인가 아닌가이다.)

        Do you know **if** (**whether**) it will rain this weekend? [목적어]

        (너는 이번 주말에 비가 올지 안 올지 아니?)

    ③ 간접의문문 : 일반의문문이 다른 문장의 한 부분으로 포함되는 경우

        A. 의문사가 있는 의문문 : 의문사 + 주어 + 동사

            I don't know **who he is**. (그가 누구인지 나는 모른다.)

Do you know **where he lives?** (그가 어디 사는지 아는지요?)

B. 의문사가 없는 경우 : if/whether + 주어 + 동사

She asked me **if** he broke the window.

(그녀는 그가 유리창을 깼는지 아닌지를 내게 물었다.)

C. 간접의문문에서 의문사의 위치는 주절의 동사 뒤가 일반적이나, 주절이 의문문이고, 주절의 동사가 think, believe, guess, imagine, suppose 등이 오면 의문사가 문장 앞으로 나간다.

Do you know? + How old is he? (그가 몇 살인지 아니?)

➡ Do you know **how old** he is?

Do you think? + How old is he? (그가 몇 살이라고 생각하니?)

➡ **How old** do you think he is?

4. 부사절을 이끄는 종속접속사

① 시간 : when (~할 때), while (~하는 동안), as (~할 때), as soon as (~하자마자)

When I visited her, she was watching TV.

(내가 방문했을 때, 그녀는 TV를 보는 중이었다.)

As soon as he saw a policeman, the thief ran away.

(경찰을 보자마자, 도둑은 도망쳤다.)

② 이유 (~이기 때문에) : because, as, since, now that

As it was chilly today, I put my cardigan on.

(오늘 날씨가 추워서, 나는 카디건을 입었다.)

Since I don't know anything, there is nothing I can tell you.

(아무것도 알지 못하기 때문에, 당신에게 말해줄 수 있는 게 전혀 없다.)

③ 조건 : if (~라면), unless (~하지 않는다면)

I'd like to leave early, **if** you don't mind.

(괜찮으시면 일찍 출발하고 싶습니다.)

Unless it rains tomorrow, we will go on a picnic.

(내일 비가 오지 않는다면, 우리는 소풍 갈 것이다.)

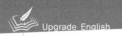

④ 양보 (비록 ~일지라도, ~에도 불구하고) : though, although, even though, even if

Though it was late at night, I went out for a walk.

(밤이 늦었지만, 나는 산책하러 나갔다.)

Although he is old, he is quite strong.

(비록 그는 나이가 많아도, 힘이 아주 세다.)

They are not happy, **even though** they have everything they need.

(그들은 필요한 모든 것을 가졌음에도 불구하고 행복하지 않다.)

⑤ 목적 (~하기 위해서) : so that … can(may) ~

I washed the dishes **so that** my mom **could** take a rest.

(엄마가 쉬실 수 있게, 내가 설거지를 했다.)

She gave me her phone number **so that** I **could** contact her.

(그녀는 내가 그녀에게 연락을 취할 수 있도록 전화번호를 알려 주었다.)

⑥ 결과 (매우 ~해서 …하다) : so + 형용사(부사) + that … / such + a(an) + 형용사 + 명사 + that…

She was **so** tired **that** she fell asleep right away.

(그녀는 매우 피곤해서 바로 잠이 들었다.)

It was **such** *a good film* **that** I saw it three times.

= It was **so** *good a film* **that** I saw it three times.

(그것은 너무 좋은 영화라서 나는 3번이나 보았다.)

Check up 문법 다지기

정답 187 쪽

1. 다음 괄호 안에서 올바른 것을 고르시오.

(1) I'll be waiting (on / at) the library.

(2) A mouse ran (in / into) a hole quickly.

(3) There are boats (on / above) the lake.

(4) He must be upset, (but / for) his face looks all red.

(5) (Since / Although) you are smart, this will be difficult to solve.

2. 다음 두 문장이 같아지도록 빈칸에 알맞은 말을 쓰시오.

(1) Because it rained heavily, I couldn't go there in time.

　➡ _____ _____ the heavy rain, I couldn't go there in time.

(2) Though he is old, he is still in good health.

　➡ _____ his old age, he is still in good health.

(3) As soon as she saw me, she began to cry.

　➡ _____ seeing me, she began to cry.

(4) The box was too heavy for her to carry.

　➡ The box was _____ heavy that she _____ carry it.

(5) He was wise enough to solve the problem.

　➡ He was _____ wise that he _____ solve the problem.

3. 다음 빈칸에 가장 알맞은 것을 고르시오.

(1) Hurry up, _____ you will be late for school.

   ① but   ② and

   ③ or   ④ so

(2) I don't know _____ I should go or not.

   ① why   ② when

   ③ since   ④ whether

(3) Make hay _____ the sun shines.

   ① while   ② as

   ③ because   ④ if

Reading 독해 다지기

정답 187 쪽

1. 다음 글의 제목으로 가장 적절한 것은?

> Vacation is always exciting. For weeks before the actual vacation begins, the air is filled with expectation. But sometimes planning for a trip can be as important as the trip itself. There are some guide books to be read, routes to be planned, and travel agencies to be consulted. A successful vacation depends on careful planning. The experienced traveler knows that a poorly organized trip often ends up being tiring rather than enjoyable.

① Danger of Trip

② Exciting Vacation

③ Different Kinds of Trip

④ How to Use Guide Books

⑤ Importance of Trip Planning

vacation 휴가, 방학   actual 실제의, 사실의   air 공기, 분위기, 느낌
be filled with ~으로 가득하다   expectation 기대   route (여행)경로
travel agency 여행사   consult 상담하다, 참고하다   depend on ~에 달려있다
organize 계획하다   end up 결국 ~이 되다   rather than ~라기보다는, 오히려

2. 다음 글의 빈칸에 들어갈 말로 가장 적절한 것은?

Many experts say that children shouldn't be allowed to watch TV because it has had ill effects and is a waste of time. _____, some programs are educational for youngsters. For example, there are nature programs such as "National Geographic," and programs such as "Sesame Street" that help children to learn to read. I think children should be encouraged to watch these educational programs because they may learn about many things that are outside of their limited everyday life.

① However
② Therefore
③ Besides
④ Instead
⑤ For example

expert 전문가   allow 허용(허락)하다   ill 아픈, 나쁜   effect 효과, 영향, 결과
waste 낭비, 쓰레기   educational 교육적인   youngster 아이, 청소년   nature 자연
encourage 장려(권장)하다   limited 제한된   besides 게다가   instead 대신에

3. 다음 글에서 밑줄 친 **them**이 가리키는 것은?

Scientists are beginning to understand what certain smells do. One thing they have found is that lemons remind people of things that are fresh and clean. So people who make cleaners and soaps often put lemon scent in **them**. The smell of vanilla helps people relax. Its scent may be piped into the air in hospitals. Cinnamon and apples smells remind many people of their homes. Some stores put these scents in the air to make people comfortable.

① scientists

② smells

③ people

④ hospitals

⑤ cleaners and soaps

certain (어떤) 특정한, 확실한   smell 냄새, 향   cleaner 세제   soap 비누
remind A of B A에게 B를 기억나게 하다   scent 향기, 냄새   relax 긴장을 풀다
pipe 주입하다   cinnamon 계피   comfortable 편안한, 쾌적한

4. 다음 글의 흐름으로 보아 주어진 문장이 들어가기에 가장 적절한 곳은?

> It is used in telescopes, microscopes, and camera lenses.

Early times, when lightning struck sand, the heat sometimes melted the sand into something shiny. ① It was hard and smooth. ② People noticed that they could see other things through it. ③ And ever since people learned how to make it, they have used it for various purposes. ④ Now it is one of the most useful materials in the world. ⑤ It is also used to make mirrors and bottles with a variety of shapes, sizes, and colors.

telescope 망원경   microscope 현미경   lightning 번개   melt 녹이다
strike-struck-struck 치다, 때리다, 부딪치다   shiny 빛나는, 반짝거리는
smooth 매끄러운, 부드러운   notice 알아차리다, 주목하다   various 다양한
ever since ~이후로 줄곧   purpose 목적, 용도   useful 유용한   material 물질
a variety of 여러 가지의   shape 모양, 형태, 몸매

관계사 (Relative Clause)

관계사는 형용사 절을 이끌어 선행사의 내용을 한정하거나, 선행사에 대해 부가적인 정보를 제공할 때 쓰인다. 관계사에는 관계대명사와 관계부사가 있다.

Grammar 문법 익히기

01 관계대명사

1. 관계대명사의 역할

관계대명사는 두 문장을 연결하는 접속사의 역할과 선행사인 명사를 받는 대명사의 역할을 한다. 관계대명사가 이끄는 절은 선행사를 수식하는 형용사 절이다.

I have **a friend**. + **She** lives in Canada.

➡ I have **a friend** who lives in Canada.

(나는 캐나다에 사는 친구가 있다.)

He starred in **the movie**. + **It** was titled "Pirates of the Caribbean."

➡ He starred in **the movie** which was titled "Pirates of the Caribbean."

(그는 제목이 "캐리비안의 해적"이라는 영화의 주연을 맡았다.)

2. 관계대명사의 종류

선행사 〈격〉	주격	소유격	목적격
사람	who	whose	whom
사물, 동물	which	whose / of which	which
사람, 사물, 동물	that	–	that
선행사를 포함	what	–	what

① 선행사가 사람 : who (주격), whose (소유격), whom (목적격)

He is **the man** who won the first prize. (주격)

(그가 1등 상을 받은 그 남자이다.)

The woman whose car was stolen is his sister. (소유격)

(차를 도난당한 그 여자가 그의 여동생이다.)

Chris is **the boy** whom we met yesterday. (목적격)

(Chris는 우리가 어제 만났던 소년이다.)

② 선행사가 사물, 동물 : which (주격), whose/of which (소유격), which (목적격)

I bought **a new car** which was pretty in design. (주격)

(나는 디자인이 예쁜 새 차를 샀다.)

Look at **the house** whose roof is blue. (소유격)

(지붕이 파란 저 집을 보아라.)

Did you find **the key** which you lost? (목적격)

(잃어버린 열쇠를 찾았습니까?)

③ 선행사가 사람, 사물, 동물 : that은 주격과 목적격만 있고 소유격은 없다.

He has **a sister** that(who) is a nurse. (주격)

(그는 간호사인 여동생이 있다.)

I have **a book** that(which) was written about Korea. (주격)

(나는 한국에 관해 쓰인 책을 갖고 있다.)

Sam gave me **the book** that(which) I was looking for. (목적격)

(Sam은 내가 찾고 있었던 책을 내게 주었다.)

④ 선행사를 포함한 관계대명사 : what은 주격과 목적격만 있고 소유격은 없으며, "~하는 것"으로 해석한다.

What caused the accident was a small stone. (주격)

(사고를 일으켰던 것은 작은 돌멩이였다.)

We believe what he said. (목적격)

(우리는 그가 말했던 것을 믿는다.)

3. 관계대명사의 용법

　① 한정적 용법 : 관계대명사 절이 형용사로서 선행사를 수식하며, 뒤에서부터 앞으로 해석한다.

　　He had a son **who** became a lawyer.

　　(그는 변호사가 된 아들이 하나 있다.)

　② 계속적 용법 : 관계대명사 절이 선행사를 보충 설명하며, 앞에서부터 순서대로 해석한다. 선행사와 관계대명사 사이에 쉼표를 쓴다.

　　He had a son, **who** became a lawyer.

　　(그는 아들이 하나 있고, 그 아들이 변호사가 되었다.)

4. 관계대명사의 생략

　목적격 관계대명사 whom, which, that과 「주격 관계대명사 + be동사」는 생략할 수 있다.

　　He is the man (**whom/that**) I want to meet.

　　(그는 내가 만나고 싶었던 사람이다.)

　　This is the poem (**which/that**) he wrote in his twenties.

　　(이것은 그가 20대에 썼던 시이다.)

　　I know the woman (**who is**) playing the piano.

　　(나는 피아노를 연주하고 있는 여자를 안다.)

　　He read a novel (**which was**) written in French.

　　(그는 프랑스어로 쓰인 소설을 읽었다.)

5. 관계대명사 that의 주의할 용법

　① 관계대명사 that을 주로 쓰는 경우

　　Look at **the girl and her dog** that are playing in the park.

　　(공원에서 놀고 있는 소녀와 그녀의 강아지를 보아라.)

　　That is **the fastest car** that I have ever seen.

　　(저것은 지금까지 내가 본 가장 빠른 자동차이다.)

Man is **the only animal** that can speak.

(인간은 말할 수 있는 유일한 동물이다.)

He has **the same watch** that I lost yesterday.

(그는 내가 어제 잃어버린 것과 똑같은 시계를 가지고 있다.-같은 물건)

All that glitters is not gold.

(반짝이는 모든 것이 금인 것은 아니다.)

Who that has common sense can do such a foolish thing?

(상식을 가진 사람이라면 누가 그렇게 바보스러운 일을 할 수 있을까?)

② 관계대명사 that을 쓰지 못하는 경우

I know the man whose **car** was stolen last night. (소유격)

(나는 지난밤 차를 도난당한 그 남자를 안다.)

That is the house **in** which he lived when he was a child. (전치사 바로 뒤에)

(저것은 그가 아이였을 때 살았던 집이다.)

This is what I have wanted for a long time. (선행사가 없는 경우)

(이것은 내가 오랫동안 원했던 것이다.)

She didn't say anything, which made me depressed. (계속적 용법)

(그녀는 아무 말도 하지 않았고, 그것이 나를 우울하게 만들었다.)

02 관계부사

1. 관계부사의 역할과 종류

관계부사는 「접속사 + 부사」의 역할을 하며 「전치사 + which」로 바꿔 쓸 수 있다.
관계부사가 이끄는 절은 선행사를 수식하는 형용사 절이다.

구분	선행사	관계부사	전치사 + which
장소	the place, house, city, hotel …	where	in, on, at, … + which
시간	the time, day, year …	when	in, on, at, … + which
이유	the reason	why	for which
방법	(the way)	how	in which

* 선행사 the way와 관계부사 how는 동시에 쓸 수 없고, 둘 중 하나를 생략한다.

This is **the house** where he lives. (이것은 그가 사는 집이다.)

The hotel where we stayed yesterday was very dirty.

(어제 우리가 머물렀던 호텔은 매우 더러웠다.)

I remember **the time** when we met for the first time.

(나는 우리가 처음으로 만났던 그때를 기억한다.)

The day when my dream can come true will come.

(나의 꿈이 이루어질 그 날이 올 것이다.)

Do you know **the reason** why he was late for the meeting?

(당신은 그가 회의에 늦은 이유를 아시나요?)

This is how we came to know each other.

(이것이 우리가 서로 알게 된 방법이다.)

2. 관계부사의 용법

제한적 용법과 계속적 용법이 있는데, 계속적 용법으로는 when과 where만 쓰인다.

He went to Korea **in 1950** when the war broke out. (제한적 용법)

(그는 전쟁이 발발했던 1950년에 한국에 갔다.)

He went to Korea **in 1950**, when the war broke out. (계속적 용법)

(그는 1950년에 한국에 갔고, 그때 전쟁이 발발했다.)

She went to **Jejudo**, where she stayed for two weeks. (계속적 용법)

(그녀는 제주도에 갔고, 거기서 2주 동안 머물렀다.)

Check up 문법 다지기

정답 187 쪽

1. 다음 괄호 안에서 올바른 것을 고르시오.

(1) Tim works for a company (who / which) makes computers.

(2) The building (which / whose) color is white is my father's.

(3) My sister Sally, (who / which) is over forty, is an actress.

(4) What's the name of the store (which / whom) you're looking for?

(5) I like the woman (whose / whom) I met at the party.

2. 다음 빈칸에 알맞은 관계부사를 쓰시오.

(1) Do you remember the day _____ he left for Paris?

(2) I finished the report at eight, _____ Ann wanted me to help her.

(3) This is the place _____ the great writer is buried.

(4) Would you tell me _____ it happened?

(5) This is the reason _____ you should do your best.

3. 다음 밑줄 친 곳에 가장 알맞은 것을 고르시오.

(1) I believed everything _____ he said.

① that   ② what

③ which   ④ whom

(2) You say so, _____ is a clear proof of your honesty.

① that   ② which

③ what   ④ whether

(3) The house _____ he lives is near the subway station.

① which   ② when

③ what   ④ where

<u>Reading</u> 독해 다지기

정답 188 쪽

1. 다음 글의 내용을 가장 잘 나타낸 것으로 알맞은 것은?

> When her father died, 50-year-old Jane Jenner suddenly found that she had $500,000. She could not decide what to do — whether to buy a house in the country near her sister, or to go to a world cruise and stay with her brother in Australia for a year. She decided to put the money in a bank and think carefully before she spent it. Two years later, she still wasn't sure what to do. One day she was out shopping, still thinking about the problem, when she started to cross a busy road without looking. She was hit by a car and died in hospital the same day. The $500,000 was still in the bank.

① He who hesitates is lost.

② The more, the better.

③ Two heads are better than one.

④ Look before you leap.

⑤ Heaven helps those who help themselves.

---

decide 결정(결심)하다   whether A or B A인지 B인지   world cruise 세계여행
spend-spent-spent 쓰다, 소비하다   sure 확신하는, 확실한   cross 건너가다
busy road 혼잡한 도로

2. 다음 글을 쓴 목적으로 가장 알맞은 것은?

Since we adjusted our membership fees, we have experienced considerable increase in staff and running cost, while the price of new books, DVDs and periodical rises steadily. In addition, the Council's budgets worldwide have been subject to major cuts. So we have been set a modest target of covering 12.5% of its costs and I must therefore inform you that membership renewal from 1 July 2019 will be ₩20,000 for combined library and DVD library membership.

① 회원비 인상 설명
② DVD 도서관 이용료 인하
③ 도서, DVD 구매 안내
④ 도서관 건립비 기부 요망
⑤ 도서 할부 대금 인상

adjust 조정하다   membership fee 회원비   considerable 상당한, 많은 increase 증가(인상)
staff 직원   running cost 운영비   periodical 정기 간행물   steadily 꾸준히   in addition 게다가
council 문화원, 위원회   budget 예산   worldwide 전 세계적인   be subject to ~의 대상이다
major cut 대폭 삭감   set a target 목표를 정하다   modest 수수한, 소폭의
inform 알려주다, 안내하다   renewal 갱신, 재생   combined 결합된

3. 다음 글의 흐름으로 보아, 주어진 문장이 들어가기에 알맞은 곳은?

> For example, if you don't like your job, then quit.

The key to happiness may be a full or busy life. But whatever the key is for you, try to make it happen. If you are not happy, ask yourself why. (①) Perhaps you can change things. (②) Or if you don't like the place where you live, then move. (③) Think about your abilities and interests. (④) What are you good at? (⑤) What do you like doing? Never think that what you want is impossible. Whatever you decide to change, don't worry about what other people may think.

for example 예를 들면   quit 그만두다   happiness 행복   full 충만한, 가득한
whatever 무엇이든지   happen 일어나다   perhaps 아마도   ability 능력
interest 흥미   be good at ~을 잘하다   impossible 불가능한

4. 다음 광고문의 내용과 일치하지 <u>않는</u> 것은?

Tour Name : Honeymoon Special

Destination : The Grand Canyon

Details : Two nights / $800 per person

Imagine three days and two nights of luxury and enjoyment. You'll have your own suite in the canyon's most attractive hotel, complete with fresh flowers, champagne, king-sized bed, and a real log fire. There's even a hot tub on the balcony, which has amazing view. Breakfast, lunch, and dinner included. Highly recommended for couples who want a truly unforgettable experience!

① 신혼여행 상품을 광고하고 있다.

② 2박 3일 일정의 상품이다.

③ 하루 세끼의 식사가 제공된다.

④ 계곡에서 목욕할 수 있다.

⑤ 1인당 요금은 800달러이다.

destination 목적지   imagine 상상하다   luxury 호사, 사치   enjoyment 즐거움
canyon 협곡   suite 스위트룸   attractive 매력적인   complete with ~이 완비된
log 통나무   hot tub (옥외) 온수 욕조   include 포함하다   recommend 추천하다
unforgettable 잊을 수 없는

명사와 대명사 (Noun & Pronoun)

명사는 사람이나 사물의 이름을 나타내는 품사이고, 대명사는 사람이나 사물의 이름을 대신해서 쓰이는 말이다.

Grammar 문법 익히기

01 명사의 종류

1. 셀 수 있는 명사 : 관사(a/an, the)를 붙일 수 있고, 단수와 복수의 구별이 있다.
   ① 보통명사 : 같은 종류의 사람이나 사물을 공통으로 나타내는 명사이다.
   She eats **an apple a day.** (그녀는 하루에 한 개의 사과를 먹는다.)
   A boy is playing **the piano** and three **girls** are singing.
   (한 소년이 피아노를 치고 있고 세 명의 소녀가 노래를 부르고 있다.)
   ② 집합명사 : 개개의 사람이나 사물이 모인 집합체를 나타내는 명사이며 집합명사와 군집
   명사가 있다.
   My **family** *is* a large one. (집합명사 : 하나의 집합체로 보면 단수 취급)
   (우리 가족은 대가족이다.)
   My **family** *are* all tall. (군집명사 : 구성원 개개인으로 보면 복수 취급)
   (우리 가족은 모두 키가 크다.)

2. 셀 수 없는 명사 : 원칙적으로 관사를 붙이거나 복수형을 쓸 수 없다.
   ① 고유명사 : 특정한 사람이나 사물의 이름을 나타내고 항상 대문자로 시작한다.
   Tom and **Jerry** moved to **Boston** from **New York** last **April.**
   (Tom과 Jerry는 지난 4월에 뉴욕에서 보스턴으로 이사했다.)

② 물질명사 : 물질이나 재료의 이름을 나타내는 일정한 형태가 없는 명사이다.

Water consists of **oxygen** and **hydrogen**. (물은 산소와 수소로 이루어진다.)

③ 추상명사 : 성질, 상태, 동작, 개념 등 관념적인 대상을 나타내는 명사이다.

Art is long, **life** is short. (예술은 길고, 인생은 짧다.)

Ronald has **passion** but lacks **patience**.

(Ronald는 열정은 있으나 인내가 부족하다.)

02 명사의 수량 표시

1. 수량 형용사 : 명사의 수나 양을 나타낼 때 명사 앞에 쓰이는 말

① 수를 나타내는 경우 : many, a few, few + 셀 수 있는 명사

How **many** *books* are there in the library?

(그 도서관에는 얼마나 많은 책이 있나요?)

I bought **a few** *books* at the bookstore. (나는 그 서점에서 책을 몇 권 샀다.)

He reads **few** *books* these days. (그는 요즘 책을 거의 읽지 않는다.)

② 양을 나타내는 경우 : much, a little, little + 셀 수 없는 명사

How **much** *money* do you have now?

(너는 지금 돈을 얼마나 많이 가지고 있니?)

I have saved **a little** *money* for a rainy day.

(나는 만일에 대비하여 돈을 조금 모아왔다.)

There is **little** *money* in my pocket. (내 주머니에는 돈이 거의 없다.)

③ 수와 양 모두 쓰이는 경우 : some, any, a lot of, lots of, plenty of, no 등

He has **some** *experience* in teaching math.

(그는 수학을 가르치는 데 약간의 경험이 있다.)

Is there **any** *sugar* in that bottle? (저 병 안에 설탕이 좀 있나요?)

There are **a lot of** *people* in Africa who need **plenty of** *help*.

(많은 도움이 필요한 사람들이 아프리카에는 많이 있다.)

There are **no** *chairs* around the table. (탁자 주위에 의자가 전혀 없다.)

2. 셀 수 없는 명사를 셀 때 : 그 명사를 담는 용기, 단위 등을 이용한다.

I drink **three cups of** *coffee* a day. (나는 하루에 석 잔의 커피를 마신다.)

I'd like **a glass of** *water*, please. (물 한 잔 주세요.)

She needs **a piece of** *paper*. (그녀는 종이 한 장이 필요하다.)

He gave her **a piece of** *advice*. (그는 그녀에게 충고 한마디를 해 주었다.)

It is **a piece of** *cake*. (그것은 누워서 떡 먹기야.)

There is **a loaf of** *bread* on the dish. (접시에 빵 한 덩어리가 있다.)

Could you buy me **two bottles of** *wine*? (포도주 두 병 사다 주시겠어요?)

03 명사의 소유격

1. 명사의 소유격 : 사람이나 동물은 's를 쓰며, s로 끝나는 복수 명사는 '(apostrophe)만 붙인다. 무생물은 명사 앞에 of를 쓴다.

My **mother's** favorite food is pasta.

(나의 어머니가 가장 좋아하는 음식은 파스타이다.)

That is **girls'** high school. (저것은 여자 고등학교이다.)

I know the value **of time**. (나는 시간의 가치를 알고 있다.)

2. 독립 소유격 : 반복되는 명사나, 장소 혹은 건물을 나타내는 명사는 소유격 다음에서 흔히 생략된다.

He is staying at my **uncle's (house)**. (그는 나의 삼촌 집에서 머물고 있다.)

I had my hair cut at the **barber's (shop)**. (나는 이발소에서 머리를 잘랐다.)

This car is my **wife's (car)**. (이 차는 내 아내의 것이다.)

3. 이중 소유격 : a/an, this, that, some, any 등 + 명사 + of + 소유대명사(독립 소유격)

I met **a friend of mine** this morning. (나는 오늘 아침에 내 친구 한 명을 만났다.)

➡ I met **a my friend** this morning. (X)

It's **no fault of his**. (그것은 그의 잘못이 아니다.)

➡ It's **no his fault**. (X)

This cellphone of Janet's is made in Korea.

(Janet의 이 휴대전화는 한국에서 만들었다.)

대명사 it의 용법

1. 대명사 : 앞에서 언급된 명사(구, 절)를 받는다.

   My cousin threw *the ball* and I caught it.

   (내 사촌이 공을 던졌고 내가 그것을 잡았다.)

   He tried *to swim across the river*, but found it impossible.

   (그는 강을 수영해서 건너려고 시도했으나, 그것이 불가능한 것을 알았다.)

2. 비인칭 주어 : 요일, 날씨, 시간, 거리, 명암 등을 나타내며, 이때의 it은 해석하지 않는다.

   It is Monday today. (오늘은 월요일이다.)

   It's raining outside. (밖에 비가 옵니다.)

   What time is it? - It's 10 o'clock. (몇 시인가요? - 10시입니다.)

   How far is it from here to the station? (여기서 역까지 얼마나 먼가요?)

   It is getting darker and darker. (점점 더 어두워지고 있다.)

3. 가주어, 가목적어 : 부정사구, 명사절 등이 주어나 목적어로 올 때, 이를 대신하는 말

   It is not easy *to understand her*. (그녀를 이해하기는 쉽지 않다.)

   It's a pity *that you can't come with us*.

   (당신이 우리와 함께 갈 수 없다니 유감이다.)

   I think it dangerous *to go there alone*.

   (혼자 거기에 가는 것이 위험하다고 생각한다.)

4. 강조구문 : 「It + be동사 + 강조 부분 + that ~」의 형태로 주어, 목적어, 부사구 등을 강조하여, "~ 한 것은 바로 …이다"로 해석한다. 이때 사용된 that은 상황에 따라 who, whom, which, when, where 등의 관계사로 바꿀 수 있다.

He heard the news at his office yesterday.

(그는 어제 사무실에서 그 소식을 들었다.)

[주어 강조]   It was he that(who) heard the news at his office yesterday.

[목적어 강조] It was the news that(which) he heard at his office yesterday.

[부사구 강조] It was at his office that(where) he heard the news yesterday.

[부사 강조]   It was yesterday that(when) he heard the news at his office.

05 재귀대명사

재귀대명사는 인칭대명사의 목적격이나 소유격에 ~self(selves)를 붙인 것으로, "~자신, ~스스로"의 의미를 지닌다.

1. 재귀 용법 : 재귀대명사가 타동사나 전치사의 목적어로 쓰여, 주어가 행한 동작이 주어 자신에게 되돌아오는 경우를 나타낸다. 이때의 재귀대명사는 생략하지 못한다.

Linda seated **herself** on the bench. (Linda는 벤치에 앉았다.)

Please, take care of **yourself**. (부디, 몸조심하세요.)

Help **yourself** to salad, please. (샐러드를 마음껏 드세요.)

2. 강조 용법 : 주어, 목적어, 보어 등을 강조하며, 생략할 수 있다.

I **myself** finished my homework. (나 스스로가 숙제를 끝냈다.)

He wants to see your mother, **herself**.

(그는 당신의 어머니, 본인을 만나고 싶어한다.)

The tall man was the president, **himself**.

(그 키 큰 남자가 바로 대통령 자신이었다.)

3. 관용적인 용법 : 「전치사 + 재귀대명사」의 형태로 하나의 숙어처럼 쓰인다.

They solved it **for themselves**. (그들은 그들만의 힘으로 그것을 해결했다.)

She had lunch **by herself**. (그녀는 혼자서 점심을 먹었다.)

Money may not be important **in itself**. (돈은 본래 중요하지 않을 수도 있다.)

The door opened **of itself.** (문이 저절로 열렸다.)

He was **beside himself** at the news. (그는 그 소식에 제정신이 아니었다.)

06 지시대명사 this(these)와 that(those)

1. **this (these)** 이것(들), 이 사람(들) / **that (those)** 저것(들), 저 사람(들)
   This is my car and **that** is hers. (이것은 나의 차이고 저것은 그녀의 것이다.)
   These are my friends and **those** are my family.
   (이 사람들은 내 친구들이고, 저들은 나의 가족이다.)

2. 전자(that = the former, the one), 후자(this = the latter, the other)
   Health is more important than wealth : **this** can't give so much happiness as
   that.
   (건강이 재산보다 중요하다 : 후자<재산>는 전자<건강>만큼 많은 행복을 주지 못한다.)
   Canada and the United States are in North America; **that** lies north of **this.**
   (캐나다와 미국은 북아메리카에 있는데 전자는 후자의 북쪽에 있다.)

3. 반복을 피하기 위한 that / those
   The price of gold is much higher than **that** of silver. (that = the price)
   (금값은 은값보다 훨씬 더 비싸다.)
   Her **students** are more clever than **those** of Mr. Jackson. (those = students)
   (그녀의 학생들이 Mr. Jackson의 학생들보다 더 영리하다.)

07 부정대명사

불특정한 사람이나 사물, 또는 일정하지 않은 수량을 나타내는 대명사이다.

1. all, both, either, neither, some, any
   All the guests **are** here tonight. (모든 손님이 오늘 밤 여기에 있습니다.)

All I need **is** love. (내가 필요한 것은 사랑이다.)

Both of these books are interesting. (이 책 둘 다 재미있다.)

Either of them has to go there. (그들 둘 중 한 사람은 거기에 가야 한다.)

Neither of them knows the fact. (그들 둘 다 그 사실을 알지 못한다.)

Some of them were shy and weren't talking to each other.

(그들 중 몇몇은 부끄러워했고, 서로 이야기를 나누지 않았다.)

If **any** of the fruit is rotten, throw it away.

(만약 어떤 과일이라도 썩었다면, 던져 버리세요.)

2. one : 일반적인 사람을 나타내거나, 같은 종류의 막연한 하나를 나타낸다.

One should keep **one's** promise. (사람은 약속을 지켜야 한다.)

Do you have a dictionary? - Yes, I have **one**. (one = a dictionary)

*참고 I gave her a dictionary, but she lost **it**. (it = the dictionary)

3. one, other, another 용법

① one ~, the other … : (둘 중) 하나는 ~, 나머지 하나는 …

There were two guests. **One** was Jane and **the other** was Tom.

(손님이 두 명 있었는데, 하나는 Jane이고 나머지 하나는 Tom이었다.)

② one ~, another -, the other … : (셋 중) 하나는 ~, 다른 하나는 -, 나머지 하나는 …

I have three coats. **One** is black, **another** is brown and **the other** is red.

(코트가 세 개 있는데, 하나는 검은색이고, 다른 하나는 갈색이고, 나머지 하나는 빨간색이다.)

③ one ~, the others … : (셋 중) 하나는 ~, 나머지 둘은 …

She has three dogs. **One** is white and **the others** are black.

(그녀는 개가 3마리 있는데, 하나는 흰색이고 나머지 둘은 검은색이다.

④ some ~, others … : (막연한 다수 중) 어떤 것(사람)들은 ~, 다른 것(사람)들은 …

Some like English and **others** like math.

(어떤 사람들은 영어를 좋아하고, 다른 사람들은 수학을 좋아한다.)

Education is the best provision for old age.
교육은 노년기를 위한 가장 훌륭한 대책이다.

Check up 문법 다지기

정답 188 쪽

1. 다음 괄호 안에서 올바른 것을 고르시오.

(1) The doctor gave me (many / much) useful advice.

(2) They will come back home in (a few / a little) days.

(3) I don't like this one. Please show me (another / any).

(4) Our team (is / are) winning now.

(5) There is (a piece of / a loaf of) chalk in the box.

(6) Her eyes are as red as (that / those) of a rabbit.

(7) The door opened (of itself / in itself).

(8) I've lost my cellphone, so I will buy (it / one).

(9) (Was / Were) all your class present?

(10) There is (a room / room) for a few people in the elevator.

2. 다음 밑줄 친 곳에 가장 알맞은 것을 고르시오.

(1) Her room has _____.

　① many furniture　　　　② many furnitures

　③ much furniture　　　　④ much furnitures

(2) The climate of Korea is milder than _____ Japan

　① that of　　　　　　　② which of

　③ that in　　　　　　　④ which in

(3) In summer, some people go to the seaside, and _____ to the mountains.

　① another　　　　　　　② the others

　③ others　　　　　　　 ④ any others

Reading 독해 다지기

정답 189 쪽

1. 다음 밑줄 친 부분에 들어갈 알맞은 연결어는?

A lot of small and ugly animals whose existence is essential to our life are living in this world. _____ their appearance, such animals as spiders, earthworms, or bats are in fact very useful to us. We must not kill them indiscriminately; instead, we should protect them. However they say that such animals are useful to us, the ecological system is being destroyed and these animals are almost at the point of extinction.

① According to

② In addition to

③ In fact

④ Because of

⑤ Contrary to

existence 존재   essential 필수적인   appearance 외모   earthworm 지렁이
useful 유용한   indiscriminately 분별없이, 마구잡이로   instead 대신에
protect 보호하다   however 아무리 ~해도   ecological system 생태계
destroy 파괴하다   at the point of ~의(하려는) 순간에   extinction 멸종
according to ~에 따르면   In addition to ~외에도   contrary to ~와는 대조적으로

2. 다음 주어진 문장에 이어질 글의 순서가 가장 적합한 것은?

> Computer language can be very funny at times.

(A) Also, besides memory, on many computer programs, there is a 'menu'. Of course, we are not talking about restaurants or food.

(B) Another funny example is the 'mouse' in some computers. It is hard to think about a real mouse when you hear the word.

(C) For example, we say computers have 'memory'. We know they could not really remember or think. But we still say 'memory'.

① (B) − (A) − (C)

② (A) − (B) − (C)

③ (A) − (C) − (B)

④ (C) − (B) − (A)

⑤ (C) − (A) − (B)

language 언어   besides ~외에도   example 예, 사례   memory 기억

3. 다음 글 바로 앞에 올 수 있는 내용으로 적절한 것은?

Also, the world's climate will become much hotter. Trees take carbon dioxide out of the air and put back fresh oxygen. Without the rainforests, the air will be filled with more and more carbon dioxide, which traps heat. As a result, the weather will be hotter. You call this 'the greenhouse effect'.

① 열대우림의 중요성
② 열대우림의 보호 방법
③ 열대우림의 파괴 결과
④ 열대우림이 주는 이익
⑤ 위기에 처해 있는 열대우림

climate 기후   carbon dioxide 이산화탄소   put back (다시) 내놓다   rainforest 열대우림
be filled with ~으로 가득 차다   trap 가두다, 끌어모으다   as a result 결과적으로
the greenhouse effect 온실효과

4. 다음 글의 빈칸에 들어갈 말로 가장 적절한 것은?

It is well known that disabled people have _____. That is, a blind person has an excellent sense of hearing and a deaf person, an amazing sense of touch. This means that all people, regardless of their physical state, can contribute to society. Now is the time for our society to consider how to use the hidden talents of many disabled people in our society.

① strong will

② good health

③ warm heart

④ special abilities

⑤ much intelligence

disabled 장애가 있는   that is 즉, 다시 말해서   blind 시각장애가 있는   excellent 뛰어난, 탁월한
deaf 청각장애가 있는   regardless of ~와는 관계없이   physical state 신체 상태(조건)
contribute to ~에 공헌(기여)하다   society 사회   hidden 숨겨진   talent 재능   will 의지, 뜻
intelligence 지능, 이해력, 지혜

형용사는 명사의 앞 또는 뒤에서 직접 수식하거나 보어로서 주어나 목적어를 서술적으로 설명하는 역할을 하며 대개 '~한'으로 해석한다. 부사는 주로 동사, 형용사, 다른 부사를 수식하지만 구나, 절을 수식하기도 하며 보통 '~이, 히, 리, 게, 로' 등으로 해석한다.

Grammar 문법 익히기

01 형용사의 용법

1. 한정적 용법

① 명사의 앞에서 명사를 수식한다.

That's an **interesting** *story*. (그것은 재미있는 이야기다.)

She had a **strange** *dream* about her **close** *friend*.

(그녀는 친한 친구에 대한 이상한 꿈을 꾸었다.)

② -thing, -one, -body로 끝나는 부정대명사를 수식할 때나 형용사(구)가 길어지면 뒤에서 수식한다.

Please, give me *something* **cold to drink**. (차가운 마실 것을 좀 주세요.)

He is a *friend* **worthy of confidence**. (그는 믿을만한 친구다.)

2. 서술적 용법 : 주격보어나 목적격보어로 쓰여 주어나 목적어를 설명한다.

He is **warm-hearted**. (그는 마음씨가 따뜻하다.)

We consider *him* **brave**. (우리는 그가 용감하다고 생각한다.)

3. 분사 형용사 : 현재분사나 과거분사는 형용사 역할을 할 수 있다.

It's very **exciting** role-playing game. (그것은 매우 흥미진진한 롤플레잉 게임이다.)

The **excited** crowd clapped loudly. (흥분한 관중은 크게 손뼉을 쳤다.)

The movie was **boring**. (그 영화는 지루했다.)

I was **bored** by last night's concert. (어젯밤의 음악회는 지루했다.)

4. the + 형용사 : 복수 보통명사, '~한 사람들'

The young don't understand what **the old** have gone through.

(젊은이들은 노인들이 겪은 것을 이해하지 못한다.)

The rich are not always happier than **the poor**.

(부자가 가난한 사람보다 항상 더 행복한 것은 아니다.)

5. 용법(위치)에 따라 의미가 달라지는 형용사

① certain '어떤', '확신하는'

A **certain** man called Mr. Smith dropped by.

(Mr. Smith라 불리는 어떤 사람이 잠깐 들렸다.)

I am **certain** that he will join us. (나는 그가 우리에게 합류할 것이라 확신한다.)

② present '현재의', '참석한'

Donald Trump is the **present** President of America.

(Donald Trump는 현재의 미국 대통령이다.)

The mayor was **present** at the opening ceremony last night.

(지난밤에, 시장이 개막식에 참석했다.)

③ right '오른쪽의', '옳은'

Stretch out your **right** arm. (오른팔을 쭉 펴세요.)

You are **right**. (당신이 옳아요.)

④ late '고인이 된', '늦은'

The **late** Michael Jackson was a famous singer and dancer.

(고인인 Michael Jackson은 유명한 가수이자 댄서였다.)

Janet is always **late** for English class. (Janet은 영어 수업에 항상 늦는다.)

⑤ ill '나쁜', '아픈'

He retired early because of his **ill** health. (그는 건강이 나빠서 일찍 퇴직했다.)

Her father is **ill** in bed. (그녀의 아버지는 아파서 침대에 누워계신다.)

02 부정 수량 형용사

구분	완전 부정	조금 있는 (긍정)	거의 없는 (부정)	많은	많은 (공통)	뒤에 오는 명사
수	no	a few	few	many	a lot of, lots of, plenty of	복수 명사 (셀 수 있음)
양		a little	little	much		단수 명사 (셀 수 없음)

1. 셀 수 있는 명사 앞에서 일정하지 않은 수를 나타내는 형용사(구)

There are **a few** eggs left. Let's make an omelet for breakfast.

(달걀 몇 개가 남아 있다. 아침으로 오믈렛을 해 먹자.)

There are **few** eggs in the fridge. (냉장고에 달걀이 거의 없다.)

Tom Sawyer has **many** friends who help him.

(Tom Sawyer는 그를 도와줄 많은 친구가 있다.)

Last night **not a few** of the members were present.

(어젯밤 꽤 많은 회원이 참석했었다.)

2. 셀 수 없는 명사 앞에서 일정하지 않은 양이나 정도를 나타내는 형용사(구)

I only have **a little** time. (나에게는 약간의 시간이 있을 뿐이다.)

There is **little** hope of his recovery. (그가 회복될 희망은 거의 없다.)

We spend too **much** time watching TV.

(우리는 TV를 보는 데 너무 많은 시간을 보내고 있다.)

He has **not a little** interest in music.

(그는 음악에 적지 않은 관심이 있다.)

3. 수와 양 모두를 나타내는 형용사(구)

There were **no** letters this morning. (오늘 아침에는 편지가 한 통도 없었다.)

There's **no** bread left. (빵이 남은 게 조금도 없다.)

The country produces **a lot of** apples. (그 지방에서는 사과가 많이 나온다.)

This book contains **a lot of** useful information.

(이 책에는 유익한 정보가 많이 포함되어 있다.)

Our team has **plenty of** fans. (우리 팀은 많은 팬이 있어요.)

Don't hurry - there's **plenty of** time. (서두르지 마라, 시간은 충분해.)

03 부사의 형태와 역할

1. 부사의 형태

① 형용사 + ly : kind ➡ kindly (친절하게) / brave ➡ bravely (용감하게)

happy ➡ happily (행복하게) / easy ➡ easily (쉽게)

The wall is **beautifully** decorated. (그 벽은 아름답게 장식되어 있다.)

The old people cannot digest meat **easily**.

(노인들은 고기를 쉽게 소화할 수 없다.)

② 형용사와 형태가 같은 부사

fast (빠른/빨리), hard (어려운/열심히), late (늦은/늦게), early (이른/일찍)

I work in a **fast** food restaurant. (나는 패스트푸드점에서 일합니다.)

Driving too **fast** puts people in danger. (과속은 사람들을 위험하게 한다.)

The **early** bird catches the worm. (일찍 일어나는 새가 벌레를 잡는다.)

I got up **early** this morning. (나는 오늘 아침에 일찍 일어났다.)

③ -ly를 붙이면 의미가 달라지는 부사

hard (열심히) - hardly (거의 ~하지 않다) / late (늦게) - lately (최근에)

near (가까이) - nearly (거의) / high (높게) - highly (대단히)

He worked **hard** on his farm. (그는 자신의 농장에서 열심히 일했다.)

I could **hardly** believe what he said. (나는 그가 말한 것을 거의 믿을 수 없었다.)

We came home **late** yesterday. (우리는 어제 늦게 집에 왔다.)

I haven't met her **lately**. (나는 최근에 그녀를 만나지 못했다.)

A bomb exploded somewhere **near**. (어디 가까이에서 폭탄이 터졌다.)

I read it **nearly** every day. (난 그걸 거의 매일 읽는다.)

I can't jump **high**. (나는 높게 뛰어오를 수 없다.)

I feel **highly** honored by your kindness.

(나는 당신의 친절을 대단히 영광스럽게 여깁니다.)

2. 부사의 역할 : 형용사, 동사, 다른 부사, 문장 전체를 수식한다.

The question is **very** *easy*. (그 질문은 매우 쉽다.)

My parents *live* **happily**. (나의 부모님은 행복하게 사신다.)

She did **pretty** *well* on the test. (그녀는 시험을 아주 잘 보았다.)

Fortunately, *no one was hurt in the accident*.

(다행스럽게도, 사고로 다친 사람은 없었다.)

Unfortunately, *I won't be able to attend the meeting*.

(유감스럽게도, 나는 그 회의에 참석할 수 없을 것입니다.)

04 부사의 위치

1. 부사의 위치 : 일반적으로 수식하는 말 앞에 위치한다. 타동사를 수식할 때는 목적어 뒤에
올 수 있으며, 문장 전체를 수식할 때는 문장 맨 앞에 쓸 수 있다.

The fire fighters **quickly** *put out* the fire. (소방관들이 빠르게 불을 껐다.)

The musical was **very** *boring*. (그 뮤지컬은 매우 지루했다.)

The two presidents *shook* hands **warmly**. (두 대통령은 따뜻하게 악수를 했다.)

Ironically, *many people don't love themselves*.

(아이러니하게도, 많은 사람이 자신을 사랑하지 않습니다.)

2. 빈도부사의 위치 : be동사나 조동사 뒤, 일반동사 앞에 위치한다.

His boss *is* **often** busy. (그의 사장은 종종 바쁘다.)

I *will* always love you. (나는 항상 당신을 사랑할 것입니다.)

On weekends, I **usually** *play* soccer. (주말에는, 나는 대개 축구를 한다.)

Sometimes, we need to look deep into ourselves. (예외 : 문장 앞, 문장 끝)

(때때로, 우리는 자신의 내면을 깊이 살펴보는 것도 필요하다.)

My child seems to live in a fantasy world **sometimes**.

(우리 아이는 때로는 환상의 세계에서 사는 듯하다.)

3. 부사 enough의 위치 : 형용사나 부사의 뒤에서 수식한다.

I am *old* enough to get a job. (나는 직업을 구할 만큼 나이를 먹었다.)

She can handle it *well* enough. (그녀는 그것을 충분히 잘 다룰 수 있다.)

05 주의해야 할 부사

1. very는 원급, 현재분사와 감정을 형용사화한 과거분사를, much는 비교급과 과거분사를 수식한다.

He is **very** *smart*. (그는 매우 영리하다.)

That is **much** *better*. (저것이 훨씬 더 좋다.)

The soccer game was **very** *interesting*. (그 축구경기는 매우 재미있었다.)

He is **much**(= very) *interested* in soccer. (그는 축구에 많은 관심이 있다.)

She was **much** *loved* by everyone. (그녀는 모든 사람에게서 많은 사랑을 받았다.)

2. '역시, 또한'의 의미로 too는 긍정문에, either는 부정문에 쓰인다.

Bring your wife and children, **too**. (부인과 아이들도 데려오세요.)

I don't like to say things twice, **either**. (나도 같은 말 두 번 하는 것을 싫어해.)

Check up 문법 다지기

정답 189 쪽

1. 다음 괄호 안에서 올바른 것을 고르시오.

(1) (Late / Lately) I have had a strange feeling.

(2) The game was (very / much) more exciting than I had expected.

(3) I can't believe that we have (already / yet) run out of food.

(4) He is not a carpenter. I am not, (too / either).

(5) He has (a few / a little) good friends.

2. 다음 우리 말과 같아지도록 빈칸에 알맞은 말을 보기에서 골라 쓰시오.

〈보기〉   a few / a little / few / little / many / much / some / any

(1) 사치스럽게 사는 예술가는 거의 없다.

➡ _____ artists live luxuriously.

(2) 나는 우유에 소금을 조금 넣었다.

➡ I put _____ salt in the milk.

(3) 고기를 너무 많이 먹지 마라.

➡ Don't eat too _____ meat.

(4) 제 계좌에 돈을 좀 입금하고 싶습니다.

➡ I want to put _____ money into my account.

(5) 일주일간 아무 일도 구하지 못했다.

➡ I couldn't find _____ work for a week.

3. 다음 밑줄 친 곳에 가장 알맞은 것을 고르시오.

(1) She spent _____ money on the book.

   ① many   ② not a few

   ③ not a little   ④ few

(2) He can speak English. _____.

   ① So she can   ② So can she

   ③ So she does   ④ So does she

(3) They didn't go there. _____.

   ① So did I   ② So I did

   ③ Neither did I   ④ Neither I did

1. 다음 글의 분위기로 알맞은 것은?

A young man didn't want to go to the army. So on the day of the eye test, he acted as if he couldn't see well. When the doctor pointed to the eye chart and asked, "Read the top line," the young man said, "The top line of what?" "Of the chart," the doctor said. The young man replied, "What chart, doctor?" The doctor diagnosed that the young man's eye sight was not good enough for the army. That evening the young man went to a movie. When the movie was over, he realized that the person sitting next to him was the doctor. Quickly he said, "Excuse me, ma'am. Does this train go to City Hall?

① sentimental

② tragic

③ scary

④ romantic

⑤ humorous

army 군대   as if 마치 ~인 것처럼   point to ~을 가리키다   eye chart 시력검사표
diagnose 진단하다   eye sight 시력   realize 깨닫다   sentimental 감상적인
tragic 비극적인   scary 무서운   romantic 낭만적인   humorous 유머러스한

2. 다음 글의 목적으로 알맞은 것은?

> For the past 25 years you have been a valued and respected employee of this company. Since you started in the mail room in 1989, your contributions to the firm have been invaluable. Your skills led to your being promoted to executive secretary in 2002. Thus, it is safe to say that without your contributions over the years, we would not be as successful as we have been. On behalf of all the executives, we wish you well and hope you enjoy your well-earned retirement.

① to advertise

② to recommend

③ to reject

④ to warn

⑤ to thank

valued 귀중한 employee 직원 company 회사 contribution 기여, 공헌 firm 회사
invaluable 매우 귀중한 skill 능력, 기술 promote 승진시키다 executive secretary 사무국장
successful 성공적인 on behalf of ~을 대표하여 executive 중역, 임원
well-earned 당연한 보답으로 받은 retirement 은퇴, 퇴직 advertise 광고하다
recommend 추천하다 reject 거절하다 warn 경고하다

3. 다음 글의 빈칸에 들어갈 속담으로 적절한 것은?

> Kelly is living in a school dormitory where all the furniture is provided. But now she needs a new desk because her roommate is moving out. Normal price for a desk would range from $100 to $120. However, on the way home she found a nice-looking desk which cost only $50! Thinking she was lucky, she bought it and got it delivered. It looked good in her room with the brown color. But soon the desk started to fall apart; The shelf fell down and drawers didn't fit in the frame anymore. Disappointed, she said to herself, "_____"

① You get what you paid for.

② Practice makes perfect.

③ Kill two birds with one stone.

④ You can't please everyone.

⑤ Walls have ears.

dormitory 기숙사 furniture 가구 provide 제공하다 normal 보통의, 정상적인
range from A to B 범위가 A부터 B까지이다 deliver 배달하다 fall apart 망가지다, 부서지다
shelf 선반, 책꽂이 drawer 서랍 fit 맞다 frame 틀 disappointed 실망한

4. 다음 글의 제목으로 가장 알맞은 것은?

One of the most popular courses at Harvard University is a class that teaches students how to be happy. The course, "Positive Psychology," has attracted more than 850 students. The course lecturer says that happy people function better. To be happy, you need to follow the following tips:

1. Accept your feelings.

   Cry when you're sad and laugh out loud when happy.

2. Don't get angry because you failed at something.

   Instead, learn from it.

3. Your mind and body are connected, so get enough sleep and eat well.

① The Power of Positive Thinking

② How to Be Happy

③ How to Manage Your Anger

④ How to Keep Your Body Healthy

⑤ A Popular Course at Harvard University

course 강의, 강좌   positive 긍정적인   psychology 심리학   attract 끌어들이다   lecturer 강사
function 기능, 처신(기능)하다   follow 따르다   following 다음의   tip 조언, 비결, 끝부분, 봉사료
accept 받아들이다   instead 대신에   connect 연결하다

비교 구문 (Comparison)

형용사와 부사의 '성질 · 상태 · 수량'의 정도를 비교하는 어형 변화를 비교라고 하며, 원급, 비교급, 최상급을 이용한 비교가 있다.

Grammar 문법 익히기

01 비교급과 최상급 만들기

1. 규칙변화
   ① 형용사와 부사의 끝에 -(e)r, -(e)st를 붙인다.

   small (작은) – smaller (더 작은) – smallest (가장 작은)

   long (긴) – longer (더 긴) – longest (가장 긴)

   large (큰) – larger (더 큰) – largest (가장 큰)

   wise (현명한) – wiser (더 현명한) – wisest (가장 현명한)

   ② 「단모음 + 단자음」으로 된 단어는 끝의 자음을 한 번 더 쓰고, -(e)r, -(e)st를 붙인다.

   big (큰) – bigger (더 큰) – biggest (가장 큰)

   hot (뜨거운) – hotter (더 뜨거운) – hottest (가장 뜨거운)

   fat (뚱뚱한) – fatter (더 뚱뚱한) – fattest (가장 뚱뚱한)

   thin (마른) – thinner (더 마른) – thinnest (가장 마른)

   ③ 「자음 + y」로 끝나는 단어는 -y를 -i로 고치고 -(e)r, -(e)st를 붙인다.

   happy (행복한) – happier (더 행복한) – happiest (가장 행복한)

   early (이른, 일찍) – earlier (더 이른, 일찍) – earliest (가장 이른, 일찍)

   pretty (예쁜) – prettier (더 예쁜) – prettiest (가장 예쁜)

   busy (바쁜) – busier (더 바쁜) – busiest (가장 바쁜)

④ 「-ful, -less, -ous, -ive, -ing」 등으로 끝나는 2음절 단어와 3음절이 넘는 단어는 앞에 more, most를 붙인다.

useful (유용한) – more useful (더 유용한) – most useful (가장 유용한)

careless (경솔한) – more careless (더 경솔한) – most careless (가장 경솔한)

famous (유명한) – more famous (더 유명한) – most famous (가장 유명한)

active (활동적인) – more active (더 활동적인) – most active (가장 활동적인)

2. 불규칙변화

원급	비교급	최상급
good 〔형〕 좋은 well 〔부〕 잘 〔형〕 건강한	better (더 좋은, 잘, 건강한)	best (가장 좋은, 잘, 건강한)
bad 〔형〕 나쁜 ill 〔형〕 아픈 〔부〕 나쁘게	worse (더 나쁜, 아픈, 나쁘게)	worst (가장 나쁜, 아픈, 나쁘게)
many 〔형〕 (수) 많은 much 〔형〕 (양) 많은	more (더 많은)	most (가장 많은)
little 〔형〕 거의 없는, 적은	less (더 적은)	least (가장 적은)
old 〔형〕 오래된, 나이든 손윗사람의	older (더 오래된, 나이든) elder (더 손위의)	oldest (가장 오래된, 나이든) eldest (가장 손위의)

02 비교표현의 종류

1. 원급 비교

① 원급 비교 : as + 원급~ + as … / '…만큼 ~한/하게'

This musical is **as exciting as** that. (이 뮤지컬은 저것만큼 흥미진진하다.)

He is **as smart as** she. (그는 그녀만큼 영리하다.)

② 원급 비교의 부정 : not + as/so + 원급~ + as … / '…만큼 ~하지 않은/않게'

He is not **as diligent as** she. (그는 그녀만큼 부지런하지 않다.)

Jane is not **so tall as** Emily. (Jane은 Emily만큼 키가 크지 않다.)

③ 배수사 + as + 원급~ + as … / '…보다 몇 배 더 ~한/하게'

His house is twice **as large as** I think.

(그의 집은 내가 생각한 것 보다 두 배 더 크다.)

This rope is three times **as long as** that one.

(이 밧줄은 저것보다 세 배 더 길다.)

④ as + 원급~ + as possible = **as + 원급~ + as + 주어 + can** / '가능한 한 ~하게'

She studied **as hard as possible.** (그녀는 가능한 한 열심히 공부했다.)

= She studied **as hard as she could.**

I will start **as soon as possible.** (나는 할 수 있는 한 빨리 출발할 것입니다.)

2. 비교급 비교

① 비교급 비교 : 비교급 ~ + than + … / '…보다 더 ~한/하게'

Tom runs **faster than** Jason. (Tom은 Jason보다 더 빨리 달린다.)

She speaks English **better than** I. (그녀는 나보다 영어를 더 잘 말한다.)

Soccer is **more interesting than** hockey. (축구가 하키보다 더 재미있다.)

② 비교급 강조 : much, a lot, even, far, still 등은 비교급 앞에 쓰여 '훨씬'의 뜻으로 비교급을 강조하고 very는 원급은 수식하지만, 비교급은 수식 불가능하다.

This suitcase is much heavier than mine.

(이 여행 가방은 내 것보다 훨씬 더 무겁다.)

Iron is even **more useful than** gold. (철은 금보다 훨씬 더 유용하다.)

He is very **taller than** you. (X) (그가 당신보다 훨씬 더 키가 크다.)

➡ He is much **taller than** you. (O)

③ 비교급 + and + 비교급 : '점점 더 ~한/하게'

His voice became **louder and louder.** (그의 목소리는 점점 더 커졌다.)

More and more people become interested in health.

(점점 더 많은 사람이 건강에 관심을 두고 있다.)

It is getting **warmer and warmer.** (날씨가 점점 따뜻해지고 있다.)

④ **the + 비교급 + of + the two** : '둘 중에서 더 ~한/하게'

Olivia is **the younger of the two** sisters.

(그 두 자매 중에서 Olivia가 더 어리다.)

Which is **the longer of the two** rivers?

(그 두 개의 강 중에서 어느 것이 더 긴가요?)

⑤ **The + 비교급 ~, the + 비교급 …** : '~하면 할수록, 더 …한/하게'

The earlier you come, **the better** it will be.

(당신이 일찍 오면 올수록 더 좋을 것이다.)

The happier a person is, **the longer** he or she lives.

(행복하면 행복할수록, 사람은 더 오래 산다.)

3. 최상급 비교 : 최상급을 이용하여 셋 이상의 사람, 사물 중에서 어느 하나가 "가장 ~하다"
   의 뜻을 나타내는 표현이다. 최상급 형용사 앞에는 the를 붙인다.

① the + 최상급 형용사 + in 장소/ of 셋 이상의 복수 명사나 대명사

최상급 부사 + in 장소/ of 셋 이상의 복수 명사나 대명사

Seoul is **the largest** city in Korea. (서울은 한국에서 가장 큰 도시이다.)

Ann is **the most beautiful** girl of her friends.

(Ann은 그녀의 친구 중에서 가장 아름답다.)

Henry runs **fastest** in his class. (Henry는 그의 반에서 가장 빨리 달린다.)

② 다음의 경우는 최상급 앞에 the를 붙이지 않는다.

It is **my most precious** memory. [소유격 + 최상급]

(그것은 나의 가장 소중한 추억이다.)

This lake is **deepest** here. [동일인물이나 사물에 대한 비교]

(이 호수는 여기가 가장 깊다.)

③ one of + the 최상급 + 복수 명사 : '가장 ~한 것 중의 하나'

This is **one of the most expensive cars** in the world.

(이것은 세상에서 가장 비싼 차 중의 하나이다.)

Tom Cruise is **one of the best actors** in Hollywood.

(Tom Cruise는 할리우드에서 가장 훌륭한 배우 중의 하나이다.)

④ 양보의 뜻을 갖는 최상급 : even (~조차도)의 의미가 있다.

The richest man in the world cannot buy happiness.

(세상에서 가장 부유한 사람조차도 행복을 살 수는 없다.)

The wisest man cannot know everything.

(가장 지혜로운 사람조차도 모든 것을 알 수는 없다.)

⑤ 최상급의 관용 표현

He is the last man to tell a lie. (그는 결코 거짓말을 할 사람이 아니다.)

She is at best a second-rate writer. (그녀는 기껏해야 이류 작가이다.)

There were only ten students at most in the class.

(그 반에는 많아 봐야 겨우 10명의 학생이 있을 뿐이다.)

It will cost at least 500 dollars. (그것은 적어도 500달러는 할 것이다.)

Make the most of time you have. (당신이 가진 시간을 최대한 활용하라.)

4. 최상급을 나타내는 다양한 표현

   (the) 최상급~ 표현

   = 비교급~ + than any other 단수 명사 (다른 어느 …보다 더 ~한)

   = 부정주어 + 비교급~ + than + … (…보다 더 ~한 것은 없다)

   = 부정주어 + as 원급~ as + … (…만큼 ~한 것은 없다)

   Vincent is the smartest student in his class.

   = Vincent is smarter than any other student in his class.

   = No other student is smarter than Vincent in his class.

   = No other student is as smart as Vincent in his class.

   (Vincent는 그의 학급에서 가장 영리한 학생이다.)

   Time is the most precious thing of all.

   = Time is more precious than any other thing.

   = Time is more precious than anything else.

   = Nothing is more precious than time.

   = Nothing is so precious as time.

   (시간은 모든 것 중에서 가장 소중한 것이다.)

1. 다음 괄호 안에서 올바른 것을 고르시오.

(1) The movie is (good / better) than I expected.

(2) Doing this is as (easy / easier) as doing that.

(3) She is the (brighter, brightest) student in our school.

(4) The play was (very / much) longer than I thought.

(5) Joe is (kinder / the kinder) of the two.

2. 다음 우리 말과 같아지도록 빈칸에 알맞은 말을 쓰시오.

(1) 이 기계는 저것보다 두 배 더 무겁다.
➡ This machine is _____ as _____ as that.

(2) 가능한 한 빨리 전화해 주세요.
➡ Please call me back as _____ as _____.

(3) 가장 부유한 사람이라도 항상 행복한 것은 아니다.
➡ _____ _____ person isn't always happy.

(4) 많으면 많을수록 좋다. (다다익선)
➡ _____ more, _____ better.

(5) 낮이 점점 길어지고 있다.
➡ The day becomes _____ and _____.

3. 다음 밑줄 친 곳에 가장 알맞은 것을 고르시오.

(1) He is _____ than I _____ two years.

① older, by   ② junior, to

③ elder, by   ④ senior, to

(2) Health is _____ precious than _____ other thing.

① the most, any   ② more, any

③ the most, some   ④ more, else

(3) The thief ran away _____ fast as _____.

① as, could   ② so, could

③ as, possible   ④ so, possible

Reading 독해 다지기

정답 190 쪽

1. 다음 글에서 필자가 주장하는 바로 가장 적절한 것은?

> In this world of technology and communication, the mobile phone is a must. We cannot do without it even for a day. However, in schools it's a different matter. In the classroom there are lots of mobile phones ringing during the class. It doesn't help teachers and students concentrate on their teaching and learning. Therefore, I suggest that school should make a rule which forbids students to bring them to schools. Then, the school classrooms will be much quieter and students' achievements will improve.

① 교내에서 소음공해를 없애자.

② 교칙을 엄격하게 적용하자.

③ 휴대전화 이용 예절을 지키자.

④ 수업 시간에 휴대전화의 전원을 꺼놓자.

⑤ 휴대전화를 학교에 가져오지 못하게 하자.

technology (과학) 기술   communication 통신, 전달, 소통   a must 필수품
do without ~없이 지내다   matter 문제, 일   concentrate on ~에 집중하다   therefore 그러므로
suggest 제안하다   forbid 금지하다   achievement 성취   improve 향상되다

2. 다음 글을 읽고, 빈칸에 들어갈 말로 가장 적절한 것을 고르시오.

> Most people are surprised to see that _____ is found among members of the animal kingdom. This kind of behavior does exist among animals. For example, groups of dolphins will stay around a female ready to give birth. They will drive away any sharks which might approach. Similarly, the oxen form a protective circle around the young if they sense the approach of danger. Even if hunters approach and start shooting, they will not break the circle. They will stand and let themselves be shot one by one.

① ranking

② playing

③ cooperation

④ education

⑤ competition

 kingdom 왕국   behavior 행동   exist 존재하다   female 여성, 암컷   ready 준비된
give birth 새끼를 낳다   drive away 쫓아내다   shark 상어   approach 다가오다
similarly 마찬가지로   oxen ox(황소)의 복수   form 형성하다   protective 보호하는   circle 원
sense 감지하다   shooting 사격   shoot-shot-shot 쏘다   ranking 순위   cooperation 협동
education 교육   competition 경쟁, 시합

3. 다음 글의 내용과 일치하지 <u>않는</u> 것은?

> The umbrella is so old that no one knows where it came from. But for thousands of years, the umbrella was used only for protection from the sun, rather than from the rain. The word umbrella, in fact, comes from the Latin word umbra, which means 'shade', and ancient slaves held umbrellas over their masters to give them shade. At the beginning, umbrellas were carried only by women, for they weren't considered 'manly' enough to be used by men! It wasn't until about three hundred years ago that people began to use waterproof umbrellas in the rain.

① 우산은 처음에 햇빛을 가리기 위해 사용되었다.
② 우산이라는 단어는 라틴어에서 온 것이다.
③ 노예들은 우산으로 주인에게 그늘을 만들어 주었다.
④ 처음에 우산은 여자들만 가지고 다녔다.
⑤ 300년 훨씬 전부터 방수된 우산이 등장하였다.

protection 보호, 방어   rather than ~라기 보다는   shade 그늘   ancient 고대의   slave 노예
master 주인, 달인   consider 여기다, 고려하다   manly 남자다운   waterproof 방수의, 방수되는

4. 주어진 글 다음에 이어질 글의 순서로 가장 알맞은 것은?

> Natural disasters such as volcanic eruption, fires, floods and hurricanes happen every year, somewhere in the world.

(A) Some tsunamis can be 30 meters high; they can hit Japan, Southeast Asia, and Central and South America.

(B) It is a tsunami, a huge wave that can cause terrible damage and destruction.

(C) But there is another, and perhaps even more dangerous, natural disaster.

① (A)-(B)-(C)

② (A)-(C)-(B)

③ (B)-(C)-(A)

④ (C)-(A)-(B)

⑤ (C)-(B)-(A)

natural 자연의   disaster 재난   volcanic 화산의   eruption 폭발   flood 홍수
hurricane 폭풍, 허리케인   tsunami 쓰나미, 해일   huge 거대한   wave 파도
cause 원인이 되다, 초래하다   damage 손상, 피해   destruction 파괴

Unit
14

상황별 생활영어 (Situational English Conversation)

Key Expressions

· Can you tell me where the post office is?

= Where's the post office?

= How can I get to the post office?

= Can you tell me the way to the post office?

(우체국이 어디 있는지 알려 주시겠습니까?)

· Can you tell me where I am? (여기가 어디지요?)

· I'm sorry, but I am a stranger here, too. (미안하지만, 저도 이곳은 처음입니다.)

· Go straight two blocks and turn left. (두 블록 쭉 가서 왼쪽으로 도세요.)

· You can't miss it. (틀림없이 찾을 겁니다.)

Dialogue

A : Excuse me. I heard there is a Chinese restaurant around here.
Could you tell me how to get there?

B : A Chinese restaurant? Hmm. Let me see. Oh, yes. I've seen one.
Follow this road to the street light and turn left.
It's between Orient Hotel and a flower shop.

A : Walk to the light, turn left?

B : Yes, you're right. It's opposite to the post office.

A : Thank you for your help.

B : It's my pleasure.

A : 실례합니다. 이 근처에 중국 음식점이 있다고 들었습니다.
어떻게 가는지 알려 주시겠어요?

B : 중국 음식점이요? 음, 어디 보자. 아, 맞아요. 하나 본 적이 있어요.
이 길을 쭉 따라서 신호등까지 간 다음 좌측으로 도세요.
오리엔트 호텔과 꽃집 사이에 있어요.

A : 신호등까지 걸어가서 좌회전이요?
B : 네, 맞아요. 우체국 맞은편에 있어요.
A : 도와주셔서 고맙습니다.
B : 천만에요.

02 만날 약속

Key Expressions

- What time shall we make it? (몇 시에 만날까요?)
- How about at 7:30? (7시 30분이 어때요?)
- Where shall we meet? (어디서 만날까요?)
- Any time will do. (아무 때나 괜찮아요.)
- Let's make it another time. (다른 시간으로 정합시다.)
- Would you like to come to my house for dinner?
  (우리 집에 오셔서 저녁 식사하시겠어요?)
- When would it be convenient for you? (언제가 편하시겠어요?)
- I'm sorry, but I have a previous engagement. (미안하지만, 선약이 있어요.)

Dialogue

A : I'd like to take you out to dinner tomorrow evening. Are you free?
B : That's very kind of you. What time do you have in mind?
A : How about 7 o'clock?
B : Sounds fine. Where shall we meet?
A : I'll pick you up at your hotel at 6:30.

A : 내일 저녁에 저녁 식사 대접을 하고 싶습니다. 시간 있으세요?
B : 정말 친절하시군요. 몇 시로 하실 건지요?
A : 7시가 어떠세요?
B : 좋아요. 어디에서 만날까요?
A : 6시 30분에 호텔로 모시러 가겠습니다.

Key Expressions

· May I speak to Miss Jones? (Jones 선생님 좀 바꿔 주시겠어요?)
· This is she (he) speaking. / Speaking. / This is he (she). (접니다.)
· Hold on, please. (잠시 기다리세요.)
· Don't hang up. (끊지 마세요.)
· He is not in at the moment. (그는 지금 안 계십니다.)
· Please, tell him to call me back. (제게 전화해 달라고 전해 주세요.)
· She is on another line. (다른 전화를 받고 있습니다.)
· There is no one by that name. You have the wrong number.
  (그런 분이 없습니다. 전화 잘못 거신 것 같습니다.)
· Can I take your message? / Would you like to leave a message?
  (메시지 남기시겠습니까?)

Dialogue

A : May I speak to Mr. Kim?

B : This is he speaking.

A : Hi, it's Judy.

B : Hi, Judy. How are you doing these days?

A : I'm fine. Thanks. Are you free this afternoon?

B : Is there anything I can help you with?

A : Yes, there is. But it's difficult to explain over the phone.
    Can I see you in your office for a moment?

A : Mr. Kim 좀 바꿔 주시겠어요?
B : 접니다.
A : 안녕하세요, Judy입니다.
B : 안녕하세요, Judy. 요즈음 어떻게 지내세요?
A : 잘 지내요. 고맙습니다. 오늘 오후에 시간 있으세요?
B : 내가 뭐 도와 드릴 일이라도 있나요?
A : 네, 있어요. 하지만 전화로 설명하기가 곤란해요.
    선생님 사무실에서 잠시 뵐 수 있을까요?

04 물건 사고 팔기

Key Expressions

- Sorry, they're all sold out. (미안합니다만, 다 팔렸습니다.)
- May I try it on? (한 번 입어 봐도 되나요?)
- Can you give me a discount? (좀 깎아 주실 수 있나요?)
- That's on sale. (할인 판매 중입니다.)
- Could you wrap it up for me? / Can I have it wrapped? (포장해 주시겠어요?)
- I'd like to get a refund on this. / I'd like to return this.
  (이 물건을 환불받고 싶어요. / 이 물건을 반환하고 싶어요.)
- That's our store policy. (그것이 우리 가게 방침입니다.)
- Do you have this in a bigger size? (좀 더 큰 것이 있나요?)
- Where is your fitting room? (탈의실이 어디지요?)
- Cash or charge? (현금입니까, 아니면 신용카드로 하시겠습니까?)

Dialogue

A : Hello! Can I help you?

B : Yes, I'm looking for a shirt.
   It's going to be a present for my friend's birthday.

A : What size?

B : He's about my size.

A : Then, how about this one?

B : That's nice! I think my friend will like it. How much is it?

A : 20 dollars. It's on sale now.

B : All right. I'll buy two, one for me and one for my friend.

A : These two shirts? Anything else?

B : No, that's all. Here is 40 dollars.

A : 어서 오세요. 뭘 도와 드릴까요?

B : 네, 셔츠 한 벌을 찾고 있습니다. 친구의 생일 선물로 줄 겁니다.

A : 치수가 어떻게 되나요?

B : 저와 비슷합니다.

A : 이것은 어떤가요?

B : 좋습니다. 제 친구가 좋아할 것 같아요. 얼마지요?

A : 20달러입니다. 지금 할인 판매 중이거든요.

B : 좋습니다. 친구와 제 것 두 벌 주세요.

A : 이 셔츠 두 벌이지요? 다른 것은 더 필요 없나요?

B : 네, 그게 다입니다. 여기 40달러입니다.

05 안내 방송

· **Thank you for listening.** (들어 주셔서 고맙습니다.)

· **Please, pay attention to our next announcement.**
  (다음번 안내 방송에 귀 기울여 주세요.)

· **Welcome to our award ceremony.** (시상식에 참석해 주셔서 고맙습니다.)

· **Stay tuned to this special news show.**
  (특집 뉴스 쇼에 채널을 고정하십시오.)

· **Fasten your seat belt until we come to a full stop.**
  (완전히 멈출 때까지 안전벨트를 착용하여 주세요.)

Dialogue

A : Attention, please. Passengers of Korean Airline flight 710 for New York. There has been a delay in departure due to the runway condition. Thank you for your waiting. After 20 minutes later, we will begin the boarding. Once again, you should board at 7:45. Thank you for your attention.

A : 뉴욕행 대한항공 항공기 710편을 이용하실 승객 여러분께 알려드립니다. 활주로 사정으로 인해 출발이 지연되었습니다. 기다려 주셔서 고맙습니다. 20분 후에 탑승을 시작하겠습니다. 다시 한번 말씀드립니다. 7시 45분에 탑승을 시작합니다. 들어주셔서 감사합니다.

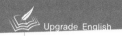

06 음식 주문

> ## Key Expressions

- · May I take your order? / Are you ready to order?
  What would you like to eat? (주문하시겠어요?)
- · I'd like to have spaghetti. (스파게티를 먹고 싶어요.)
- · I would like to reserve a table for three. (세 사람 예약하고 싶습니다.)
- · Smoking or non-smoking? (흡연석으로 하시겠어요, 금연석으로 하시겠어요?)
- · How would you like your steak? (스테이크를 어떻게 해 드릴까요?)
- · Will that be all? (다 주문하신 건가요?)
- · What's today's special? (오늘의 특별 메뉴가 무엇입니까?)
- · For here or to go? (여기서 드시겠어요, 아니면 가져가시겠어요?)
- · May I have the bill, please? (계산서 좀 주시겠어요?)
- · I'll treat you. / This is my treat. / This is on me. (제가 계산할게요.)
- · Let's go Dutch. / Let's split the bill. / Let's go halves. (각자 부담합시다.)

Dialogue

A : Would you care for some dessert?

B : No, thank you. May I have the bill, please?

A : Of course. Did you enjoy your meal?

B : For the most part. The coffee wasn't very good, though.
   I asked for sugar, but you forgot to bring it.

A : Did I? I'm sorry. We've been very busy today.
   Next time, I won't forget anything. Was everything else okay?

A : 후식을 드시겠어요?

B : 아니오, 고맙습니다. 계산서 좀 주시겠어요?

A : 네. 식사는 맛있게 드셨나요?

B : 대체로 좋았습니다. 하지만, 커피는 별로였어요.
   설탕을 가져다 달라고 했는데, 그것을 잊으셨더군요.

A : 제가 그랬나요? 죄송합니다. 저희가 오늘 매우 바빴습니다.
   다음에는 어떤 것도 잊지 않겠습니다. 다른 것들은 괜찮으셨지요?

Key Expressions

- **Where should I get off?** (어디서 내려야 하나요?)
- **Does this bus go to the City Hall?** (이 버스가 시청으로 가나요?)
- **This train is bound for Busan.** (이 기차는 부산행입니다.)
- **Where to?** (어디로 모실까요?)
- **How long will it take to get there?** (거기까지 가는 데 얼마나 걸립니까?)
- **I've got a ticket for speeding.** (속도위반 딱지를 떼였어.)
- **Let me see your license.** (면허증 좀 보여 주세요.)
- **Is parking permitted here?** (여기에 주차해도 되나요?)

Dialogue

A : Excuse me, I've got to get to the Star Building.

    Is there a bus that goes by there?

B : Yes, there is. The number 463 stops right in front of the Star Building.

A : How long will it take to get there?

B : It takes about twenty minutes.

A : How much is it for a bus?

B : It's 1,200 won.

A : Do the drivers change the money? I have no coins.

B : Yes, they usually do.

A : 실례합니다, 스타빌딩에 가야 하는데요. 그곳으로 가는 버스가 있나요?

B : 네, 있어요. 463번 버스가 스타빌딩 바로 앞에서 섭니다.

A : 거기까지 가는 데 얼마나 걸려요?

B : 대략 20분쯤 걸립니다.

A : 버스 요금이 얼마인가요?

B : 1,200원입니다.

A : 기사분이 돈을 거슬러 주나요? 동전이 없거든요.

B : 네, 대개 바꿔 줍니다.

08 공항

Key Expressions

· I'd like to reconfirm my flight. (제 비행기 예약을 다시 확인하고 싶습니다.)
· May I see your passport and landing card, please?
  (여권과 입국신고서를 보여 주시겠어요?)
· Do you have anything to declare? (세관에 신고할 물품이 있습니까?)
· Welcome aboard. (탑승을 환영합니다.)
· We will be landing shortly. (곧 착륙합니다.)
· Please, fasten your seat belt and remain seated.
  (안전벨트를 착용하시고, 좌석에 앉아 계세요.)

Dialogue

A : Did you check in your baggage within 30 minutes of the departure time in Seattle?

B : Yes, I almost missed the flight.

A : That explains it. If you check in your baggage within 30 minutes of the departure time, your baggage may not make it here on time. I think your suitcase will arrive here on the next flight from Seattle.

B : When is the next flight arriving?

A : One-fifty.

B : Oh, boy! I'll have to kill two hours here!

A : I'm afraid so.

A : Seattle에서 비행기 출발시각을 30분도 채 안 남기고 짐을 부치셨나요?

B : 네, 비행기를 놓칠 뻔했어요.

A : 그 때문이군요. 비행기 출발시각까지 30분이 남지 않은 상태에서 짐을 부치면, 짐이 제시간에 이곳으로 오지 못할 수도 있습니다. 손님의 가방은 다음 Seattle 발 비행기 편으로 이곳에 도착할 것 같습니다.

B : 다음 비행기는 언제 도착하지요?

A : 1시 50분입니다.

B : 맙소사! 여기서 두 시간을 기다려야 한다니!

A : 그러셔야 할 거 같아 유감입니다.

Key Expressions

· I'm calling about the job advertisement. (구직 광고를 보고 전화했습니다.)
· Tell me about your background. (당신의 이력에 대해 말해 주세요.)
· How long have you been with your company?
  (근무하신 지 얼마나 되셨나요?)
· I've got a promotion lately. (최근에 승진했어요.)
· Do you have any previous experience? (경력이 있나요?)
· What do you do in your spare time? (여가에 뭘 하십니까?)
· What do you do for a living? (무슨 일을 하십니까?)

Dialogue

A : Hanyang Travel. May I help you?

B : I'm calling about the position for a tour guide. Is it still open?

A : Yes, it is.

B : What kind of person are you looking for?

A : Someone with experience in the travel business. You must be good with people and speak at least one foreign language.

B : If I wanted the job, what would I have to do?

A : You would have to come in, fill out a form, and make an appointment for an interview.

B : OK. Thank you.

A : Hanyang 여행사입니다. 무엇을 도와 드릴까요?

B : 관광 안내인 자리 때문에 전화했습니다. 아직 뽑고 있나요?

A : 네, 그렇습니다.

B : 어떤 사람을 찾고 있나요?

A : 여행업계 쪽에 경험이 있어야 합니다. 사교성도 있어야 하고, 최소한 외국어도 하나는 할 수 있어야 합니다.

B : 지원하고 싶으면, 어떻게 해야 하나요?

A : 직접 오셔서 지원서를 작성하고, 면접 시간을 정해야 합니다.

B : 잘 알았습니다. 감사합니다.

10 일기 예보

· It's cleaning up. (날씨가 개고 있습니다.)
· The highs will be 30 degrees centigrade. (최고 기온은 30도가 되겠습니다.)
· There is a 80% chance of rain. (비 올 가능성이 80%입니다.)
· It's partly cloudy. (부분적으로 흐립니다.)
· The forecast calls for light rain.
  (일기 예보에 의하면 비가 약간 내릴 것이라고 합니다.)
· It is freezing outside. (바깥 날씨가 몹시 춥습니다.)
· The roads have been blocked due to the heavy snow.
  (폭설로 인해 도로가 통제되고 있습니다.)

Dialogue

A : Good morning. This is Tom Holland. Today will be mostly cloudy with a little wind from the South. You won't have to take your umbrella with you, since no rain is expected today. Tomorrow, however, there'll be a strong chance of showers. But the day after tomorrow, it'll be sunny again, and the clear weather should continue for a while. Thank you for joining us.

A : 안녕하세요. Tom Holland입니다. 오늘은 대체로 흐리겠고, 남풍이 약하게 불겠습니다. 오늘은 비가 올 것 같지 않으므로 우산을 가지고 다닐 필요가 없을 것입니다. 하지만, 내일은 소나기가 내릴 가능성이 큽니다. 하지만, 모레에는 다시 화창해지겠고, 맑은 날씨가 한동안 계속되겠습니다. 함께 해 주셔서 고맙습니다.

Key Expressions

- It must have been painful. (몹시 아팠겠다.)
- What seems to be the problem? (어디가 안 좋으신가요?)
- I've got a cold. (감기에 걸렸어요.)
- I have a headache / toothache / stomachache. (머리 / 이 / 배가 아파요.)
- I feel under the weather. (몸이 별로 좋지 않아요.)
- I'd like to make an appointment with the doctor.
  (진료 예약을 하고 싶어요.)
- Take this medicine, and you will be all right.
  (이 약을 드시면 좋아질 것입니다.)
- You'd better see a doctor. (진찰받는 게 좋겠어요.)
- Do you want to stay fit? (건강을 유지하고 싶습니까?)
- He is in good health. (그는 건강하다.)

Dialogue

A : So, What's the problem?

B : I felt too tired after playing soccer. So, I want to check my health.

A : I think you're all right. Nothing is serious.
   How often do you exercise?

B : I play soccer twice a month.

A : You ought to exercise regularly. Then you will be stronger.

B : Even without exercise I am usually in good health.

A : Yes, but pay attention to your health.

A : 자, 어디가 안 좋으신가요?
B : 축구를 한 후에 너무 피곤했어요. 그래서 건강 검진을 받으려고요.
A : 괜찮은 것 같은데요. 심각한 건 아니에요. 얼마나 자주 운동을 하시지요?
B : 한 달에 두 번 축구를 합니다.
A : 규칙적으로 운동을 해야 합니다. 그러면 몸이 더 건강해질 겁니다.
B : 운동하지 않고도 건강이 좋은 편이에요.
A : 네, 하지만 건강에 좀 더 신경을 쓰세요.

12 환전 · 우편

Key Expressions

· Could you break this bill for me? (이 지폐를 잔돈으로 바꿔 주시겠어요?)
· How would you like it? (어떻게 드릴까요? / 얼마짜리로 드릴까요?)
· I want it all tens. (모두 10달러짜리로 주세요.)
· I'd like to report a lost card. (카드 분실 신고를 하려고 합니다.)
· I'd like to withdraw $300 from my account.
  (제 계좌에서 300달러를 찾고 싶습니다.)
· I'd like to send this parcel by special delivery.
  (이 소포를 속달로 보내고 싶습니다.)
· What's in it? (안에 뭐가 들었나요?)

Dialogue

A : Good afternoon, may I help you?

B : Yes, I'd like to mail this letter to Canada.

A : OK. What's in it?

B : A letter and some photos.

A : How do you like to send it?

B : By air, please.

A : That'll be four fifty.

B : Here you are and may I have 5 stamps, please?

A : Sure. Will that be all?

B : That's it.

A : 안녕하세요, 무엇을 도와 드릴까요?
B : 네, 이 편지를 캐나다로 보내려고 하는데요.
A : 네. 안에 뭐가 들었나요?
B : 편지 한 장과 사진이 몇 장 들어있어요.
A : 어떻게 부치실 겁니까?
B : 항공우편으로요.
A : 4달러 50센트입니다.
B : 여기 있어요, 그리고 우표 다섯 장만 주세요.
A : 그러죠. 다 되었나요?
B : 그게 다입니다.

부 록
(Appendix)

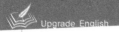

숙어 총정리

above all

[동의어] first of all, most of all, to begin with 우선 무엇보다, 먼저
Above all, you must study hard to pass the exam.
(우선, 시험에 합격하기 위해 열심히 공부해야만 한다.)

account for

[동의어] explain 설명하다
I want you to **account for** your bad conduct.
(나는 당신의 잘못된 행동에 관해 설명하기를 바란다.)

after all

[동의어] at last, finally, eventually, in the end, in the long run 결국, 마침내
He reached his goal **after all**. (결국, 그는 자신의 목표를 달성했다.)

all at once

[동의어] suddenly, all of a sudden 갑자기
She burst into tears **all at once**. (갑자기 그녀가 울음을 터뜨렸다.)

as a matter of fact

[동의어] in fact, actually 사실은, 실은
As a matter of fact, she is not a teacher but a poet.
(사실은, 그녀는 선생님이 아니라 시인이다.)

as it were

[동의어] so to speak, so-called, what we call, what is called 말하자면, 이른바
He is, **as it were**, a bookworm. (말하자면, 그는 책벌레이다.)

at once

[동의어] immediately, without delay, without postpone, in no time 즉시

     Do it **at once**. 즉시 그것을 해라.

at times

[동의어] sometimes, occasionally, now and then, from time to time 때때로

     She took a walk in the evening **at times**. (그녀는 때때로 저녁에 산책했었다.)

make use of

[동의어] take advantage of, utilize, use ~을 이용하다

     You had better **make use of** this opportunity.

     (너는 이 기회를 이용하는 것이 더 좋겠다.)

bear in mind

[동의어] keep in mind = don't forget = remember 명심하다, 염두에 두다

     Bear in mind that your success depends on your effort.

     (성공은 노력에 달려있다는 것을 명심해라.)

because of 명사/ ～ing

[동의어] owing to, due to, thanks to ～때문에, ～덕택에

     Because of the heavy rain, I can't help staying at home.

     (폭우 때문에, 나는 집에 머물지 않을 수 없었다.)

be dependent on/ upon

[동의어] depend on / upon, rely on / upon ～에 달려있다, ～에 의존하다

     A man's success **is** chiefly **dependent on** himself.

     (한 사람의 성공은 주로 자기 자신에게 달려있다.)

be filled with

[동의어] be full of ～로 가득 차다

     The box **was filled with** apples. (그 상자는 사과들로 가득 차 있었다.)

be good at ∼

[뜻] ~을 잘하다 ↔ be poor at ∼에 서툴다

I didn't know that you **were** so **good at** swimming.

(당신이 그렇게 수영에 능숙하다는 것을 나는 몰랐다.)

He **is poor at** English. (그는 영어에 서툴다.)

behind time

[동의어] late for ∼에 늦은

↔ in time, up to time 제시간에

The bus arrived ten minutes **behind time**. (버스는 10분 늦게 도착했다.)

[유사표현] behind the times 시대에 뒤진, 구식의

= out of date = out of times = out of fashion

= old-fashioned ↔ current, modern 최신의

The professor was **behind the times** in many ways.

(그 교수는 여러 면에서 시대에 뒤떨어졌다.)

be tired of

[동의어] be sick of ∼에 싫증나다 (정신적)

I **am tired of** you. (나는 당신에게 진절머리난다.)

[유사표현] be tired with ~로 피곤하다 (육체적)

I **am tired with** studying. (나는 공부로 피곤하다.)

break down

[동의어] become out of order 고장 나다 / 부서지다

On my way home, my car **broke down**. (집에 가는 길에, 내 차가 고장 났다.)

They **broke down** the old building. (그들은 그 낡은 건물을 부수었다.)

break out

[동의어] come about, take place, occur, happen, begin 일어나다, 발생하다

World War II **broke out** in 1939. (1939년에 2차 세계 대전이 일어났다.)

by chance

[동의어] by accident, accidentally 우연히, 공교롭게

He made two mistakes **by chance** at the same time.
(그는 우연히 두 가지 실수를 동시에 했다.)

call it a day

[뜻] 하루의 일을 마치다

Let's **call it a day**! (오늘은 이 정도로 끝내자!)

call off

[동의어] cancel 취소하다

They **called off** the game on account of rain. (그들은 비 때문에 게임을 취소했다.)

call up

[동의어] ring up, telephone 전화하다

give + 목적어 + a ring / a call

Please **call** me **up** at seven. (7시에 전화해 주세요.)

care for

[동의어] look after, take care of ～을 돌보다

The nurse **cared for** the sick. (그 간호사는 아픈 사람들을 돌보았다.)

come across

[동의어] meet by chance, meet by accident, happen to meet 우연히 만나다

I **came across** my old friend in New York. (나는 뉴욕에서 옛 친구를 우연히 만났다.)

come true

[동의어] be realized 실현되다

Your dream will **come true** someday. (너의 꿈은 언젠가 실현될 것이다.)

consist of

[동의어] be composed of, be made up of ～로 구성되다

Three-fourths of the earth's surface **consists of** water.

(지구 표면의 ¾이 물로 되어 있다.)

[유사표현] consist in = lie in ～에 있다

Happiness **consists in** contentment. (행복은 만족하는 데 있다.)

do away with

[동의어] get rid of, remove 제거하다

You should **do away with** your bad habits.

(너는 너의 나쁜 습관들을 없애야만 한다.)

do one's best

[동의어] try one's best 최선을 다하다

We ought to **do our best** in everything. (우리는 모든 면에서 최선을 다해야 한다.)

figure out

[동의어] understand, make out, comprehend 이해하다

solve 해결하다, count 계산하다

I can't **figure out** what you said. (나는 당신이 말한 것을 이해할 수 없다.)

find fault with

[동의어] blame, criticize, speak ill of ～를 비난하다, 헐뜯다

She would **find fault with** me for nothing. (그녀는 까닭 없이 나를 비난하곤 했다.)

for ever

[동의어] forever, eternally, permanently, for good 영원히

I won't forget your kindness **for ever**. (당신의 친절을 영원히 잊지 않을 것이다.)

for example

[동의어] for instance 예를 들면

I like sports, **for example**, soccer, baseball.
(나는 운동을 좋아한다, 예를 들면 축구와 야구다.)

for nothing

[동의어] for free, free of charge, without payment 무료로

without reason 까닭 없이 / in vain 헛되이
You can enter the gallery **for nothing**. (당신은 무료로 그 화랑에 들어갈 수 있다.)
He would find fault with me **for nothing**. (그는 까닭 없이 나를 비난하곤 했다.)
We tried it **for nothing**. (우리는 그것을 시도했으나 소용없었다.)

from hand to mouth

[뜻] 하루 벌어 하루 먹고 산다.

He lives **from hand to mouth**. (그는 하루 벌어 하루 먹고산다./ 몹시 가난하다.)

get on

[동의어] get into (탈 것에) 타다
[반의어] get off, get out of ～에서 내리다

I **got on** the bus at Sinchon and **got off** at Wangsimni.
(나는 신촌에서 버스를 타서 왕십리에서 내렸다.)

get over

[동의어] overcome 극복하다 / recover 회복하다

She didn't **got over** the shock of her father's death.
(그녀는 아버지의 죽음이 준 충격에서 회복되지 못했다.)

give in

[동의어] hand in, turn in, submit 제출하다

Give in your exam paper now, please. (이제 시험지를 제출하세요.)

give up

[동의어] abandon, quit up 포기하다, 항복하다

　　　　The doctor told me to **give up** smoking. (의사가 나에게 담배를 끊으라고 말했다.)

go ahead

[뜻] 앞으로 나아가다 / 자 어서 하세요

　　Go ahead with your story. (이야기를 계속하세요.)

　　Go ahead of me, please. (먼저 하십시오. = **After you!**)

have nothing to do with

[뜻] ～와 관계가 전혀 없다

　　　　You **have nothing to do with** it.

　　　　= **It is none of your business.**

　　　　= **Mind your own business.**

　　　　　　너는 이 일과 관계가 전혀 없다. / 네 일이나 잘해라.

[유사표현] have **something** to do with ～와 관계가 좀 있다

　　　　　　　　little　　　　　　　　　　거의 없다

　　　　　　　　much　　　　　　　　　　많다

have no idea

[동의어] don't know ～을 모르겠다

　　　　I have no idea such a fellow. (나는 그런 녀석은 모르겠다.)

help yourself

[뜻] 마음껏 드세요

　　Please, **help yourself** to anything you like. (원하는 것은 아무거나 마음껏 드세요.)

hold good

[뜻] 유효하다

　　The ticket will **hold good** by the end of this year.

　　그 표는 올 연말 무렵까지 유효하다.

in addition to

[동의어] besides 외에도

He speaks three foreign languages **in addition to** English.

그는 영어 외에도 3개의 외국어를 말한다.

in advance

[동의어] beforehand 미리

Send your luggage **in advance**. (미리 너의 짐을 보내라.)

in spite of

[동의어] despite, for all 〜에도 불구하고

In spite of my help, he failed again. (나의 도움에도 불구하고 그는 다시 실패했다.)

instead of

[동의어] in the place of, in one's place 〜대신에

Instead of going fishing, I went swimming. (낚시하러 가는 대신에 수영을 갔다.)

learn 목적어 by heart

[동의어] memorize 〜을 암기하다

He **learned** this poem **by heart**. (그는 이 시를 암기했다.)

look down on/ upon

[동의어] despise 〜를 경멸하다, 〜를 멸시하다

The rich should not **look down on** the poor.

부자들은 가난한 사람들을 경멸해서는 안 된다.

[반의어] look up to = respect 〜를 존경하다

The young should **look up to** the old. (젊은이들은 노인들을 공경해야 한다.)

make up one's mind

[동의어] make a decision, decide, determine 〜을 결심(결정)하다

He **made up his mind** to try it again. (그는 그것을 다시 시도해 보려고 결심했다.)

no longer

[동의어] not ~ any longer, no more, not ~ any more 더 이상 ~아니다

He is gone. He is **no longer** here with us.
그는 갔다. 더 이상 이곳에 우리와 함께 있지 않다.

nothing but / nobody but

[동의어] only ~만

Write **nothing but** the address on this side. (이쪽 면에 주소만 쓰시오.)
I want **nobody but** you. (나는 당신만 원합니다.)

pay attention to

[동의어] attend to ~에 주의를 기울이다

Please **pay attention to** what I say. (제가 말하는 것에 주의를 기울여 주세요.)

pride oneself on

[동의어] be proud of, take pride in ~을 자랑스러워하다

He **prides himself on** his ability. (그는 자신의 능력을 자랑한다.)

put off

[동의어] delay, postpone 연기하다, 미루다

Never **put off** till tomorrow what you can do today.
(오늘 할 일을 내일까지 미루지 마라.)

put on

[뜻] 입다, 착용하다 ↔ take off 벗다

She **put on** a beautiful coat and looked charming.
(아름다운 코트를 입어서 그녀는 매력적으로 보였다.)

put up with

[동의어] endure, stand, bear, tolerate ~을 참다, 견디다

I can't **put up with** his rudeness any more.
(나는 더 이상 그의 무례함을 참을 수 없다.)

rain cats and dogs

[뜻] 비가 억수같이 쏟아진다

It **rained cats and dogs** yesterday morning. (어제 아침 비가 억수같이 쏟아졌다.)

show up

[동의어] turn up, appear 나타나다, 출현하다

He **showed up** the meeting on time. (그는 정각에 모임에 나타났다.)

stand for

[동의어] represent, symbolize ～을 상징하다

The crown **stands for** royal dignity. (왕관은 왕의 존엄을 상징한다.)

take a break

[동의어] take(have) a break(rest), rest 휴식하다, 쉬다

Let's **take a** coffee **break**. (커피 마시면서 쉽시다.)

take part in

[동의어] participate in ～에 참가(참여)하다

He **took part in** the movement. (그는 그 운동에 참여했다.)

that is (to say)

[동의어] namely, in short, in brief, shortly, briefly 즉, 다시 말해서

She is my mother-in-low, **that is**, she is my wife's mother.
그녀는 나의 장모, 다시 말해 내 아내의 어머니이다.

turn down

[동의어] reject, refuse ～을 거절하다

She **turned down** his offer. (그녀는 그의 제안을 거절했다.)

격언·속담

Actions speak louder than words. (행동은 말보다 더 분명히 의미를 전달한다.)

A good medicine tastes bitter. (좋은 약이 입에 쓰다.)

All work and no play makes Jack a dull boy. (공부만 시키고 놀리지 않으면 바보 된다.)

As a man sows, so he shall reap. (= As you sow, so shall you reap.)

(제가 뿌린 씨는 제가 거둔다. 자업자득(自業自得))

A stitch in time saves nine. (제때의 한 바늘은 나중의 아홉 바늘의 수고를 던다.)

Beauty is but(only) skin-deep. (미모는 거죽 한 꺼풀. 용모로 사람을 판단 말라.)

Better late than never. (늦더라도 안 하는 것보다 낫다.)

Birds of a feather flock together. (깃이 같은 새는 끼리끼리 모인다.)

Don't count your chickens before they are hatched.

(까기도 전에 병아리를 세지 말라. 독장수 셈하지 말라.)

Easier said than done. (말하기는 쉬워도 행하기는 어렵다.)

Easy come, easy go. (쉽게 들어온 건 쉽게 나가는 법)

Every cloud has a silver lining. (궂은 일에도 좋은 면이 있는 법)

Haste makes waste. (서두르면 일을 망친다.)

Heaven helps those who help themselves. (하늘은 스스로 돕는 자를 돕는다.)

Honesty is the best policy. (정직이 최선의 방책이다.)

Hunger is the best sauce. (시장이 반찬)

It is no use crying over spilt milk. (이미 지나간 일을 후회해도 소용없다.)

It never rains but it pours. (불행은 겹친다.)

Life is full of ups and downs. (삶이란 오르막길이 있으면 내리막길도 있는 법이다.)

Like father, like son. (부전자전(父傳子傳))

Make hay while the sun shines. (해가 날 때 풀을 말려라. 기회를 놓치지 마라.)

Many drops make an ocean. (티끌 모아 태산)

Many hands make light work. (손이 많으면 일이 쉽다.)

Never put off till tomorrow what you can do today. (오늘 할 일을 내일로 미루지 마라.)

No pains, no gains. (수고 없이 소득 없다.)

One swallow doesn't make a summer. (제비 한 마리로 여름이 되지는 않는다.)

Out of the frying pan into the fire. (갈수록 태산)

Practice makes perfect. (연습하면 익숙해진다.)

Rome was not built in a day. (큰일은 단시일에 이루어지지 않는다.)

Still waters run deep. (생각이 깊은 사람은 말이 적다.)

Strike while the iron is hot. (쇠는 뜨거울 때 때려라. 기회를 놓치지 마라.)

The early bird catches the worm. (일찍 일어난 새가 벌레를 잡는다.)

The grass in the neighbor's garden is greenest.

(이웃집 마당의 잔디가 더 푸르다: 남의 떡이 더 커 보인다.)

There is no smoke without fire. (아니 땐 굴뚝에 연기 나랴.)

The sooner, the better. (빠르면 빠를수록 좋다.)

Time and tide wait(s) for no man. (세월은 사람을 기다리지 않는다.)

Time flies like an arrow. (세월은 유수와 같다.)

Well begun is half done. (시작이 반이다.)

Two heads are better than one. (백지장도 맞들면 낫다.)

Walls(Pitchers) have ears. (낮말은 새가 듣고 밤말은 쥐가 듣는다.)

When you are in Rome, do as the Romans do. (로마에 가면 로마법에 따르라.)

Where there is a will, there is a way. (뜻이 있는 곳에 길이 있다.)

You cannot eat your cake and have it. (꿩 먹고 알 먹을 수 없다.)

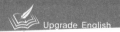

불규칙 동사표

원형	과거형	과거 분사	뜻	원형	과거형	과거 분사	뜻
be	was / were	been	이다	come	came	come	오다
have	had	had	가지다	become	became	become	되다
do	did	done	하다	feel	felt	felt	느끼다
get	got	got(ten)	얻다	tear	tore	torn	찢다
draw	drew	drawn	그리다	forget	forgot	forgotten	잊다
know	knew	known	알다	hide	hid	hidden	숨다
begin	began	begun	시작하다	freeze	froze	frozen	얼다
go	went	gone	가다	ride	rode	ridden	타다
drink	drank	drunk(en)	마시다	shake	shook	shaken	흔들다
eat	ate	eaten	먹다	show	showed	shown	보여주다
bear	bore	born(e)	참다, 낳다	sink	sank	sunk	가라앉다
choose	chose	chosen	선택하다	spring	sprang	sprung	튀다
see	saw	seen	보다	steal	stole	stolen	훔치다
take	took	taken	가져가다	swear	swore	sworn	맹세하다
write	wrote	written	쓰다	tread	trod	trod(den)	밟다
break	broke	broken	부수다	bend	bent	bent	구부리다
speak	spoke	spoken	말하다	deal	dealt	dealt	다루다
throw	threw	thrown	던지다	dig	dug	dug	파다
wear	wore	worn	입다	lead	led	led	이끌다
run	ran	run	달리다	seek	sought	sought	찾다
swim	swam	swum	수영하다	shoot	shot	shot	쏘다
bring	brought	brought	가져오다	weep	wept	wept	울다
buy	bought	bought	사다	bind	bound	bound	묶다
teach	taught	taught	가르치다	bound	bounded	bounded	튀다
think	thought	thought	생각하다	weave	wove	woven	(옷감)짜다
catch	caught	caught	잡다	bleed	bled	bled	피 흘리다

원형	과거형	과거 분사	뜻	원형	과거형	과거 분사	뜻
fight	fought	fought	싸우다	grind	ground	ground	갈다, 빻다
keep	kept	kept	유지하다	ground	grounded	grounded	토대로 하다
leave	left	left	떠나다 남기다	hang	hung	hung	걸다
mean	meant	meant	의미하다		hanged	hanged	교수형 처하다
read	read	read	읽다	saw	sawed	sawn	톱질하다
say	said	said	말하다	sew	sewed	sewn	바느질하다
sell	sold	sold	팔다	sow	sowed	sown	씨 뿌리다
send	sent	sent	보내다	wind	wound	wound	감다
sleep	slept	slept	자다	wound	wounded	wounded	부상입히다
understand	understood	understood	이해하다	lie	lied	lied	거짓말하다
win	won	won	이기다	lie	lay	lain	눕다
feed	fed	fed	먹이다	lay	laid	laid	놓다, 눕히다
hurt, cost, cast, shed, split, spread, cut, hit, shut, let, put, burst는 동일 변화							

정답 및 해석

Unit 1. 문장의 5형식

Check up 문법 다지기

1. (1) tired
   (2) standing
   (3) to

2. ③

3. ③

4. (1) 5형식
   (2) 1형식
   (3) 4형식
   (4) 3형식
   (5) 2형식

Reading 독해 다지기

1. Food That Makes You Feel Good (당신을 기분 좋게 만드는 음식)

대개 우리는 배고프거나 힘이 필요하므로 먹는다. Wansink는 우리가 또한 기분이 좋아지고 행복한 기분을 상기시키기 때문에 어떤 음식을 먹는다고 말한다. Wansink는 이런 종류의 음식을 위로 음식이라고 부른다. 어떤 사람들에게는 아이스크림이 위로 음식이다. 다른 사람들에게는 국수 한 그릇이 그들을 기분 좋게 만든다. 어떤 음식이 어떻게 위로 음식이 될까? Wansink 교수는 우리가 음식을 우리 생활에서 중요한 시간, 감정, 그리고 사람들과 연관 짓는다고 믿는다.

2. ④ embarrassed 당혹스러운, 당황한

Bob은 그것을 믿을 수가 없었다. 그는 가장 좋아하는 게임 프로그램의 최종 라운드에 진출하게 되었다. "축하해요, Bob,"이라고 사회자가 말했다. "정확하게 대답하면, 당신은 500만 달러를 가지고 집으로 돌아가게 됩니다!" "이것은 미국 역사에 대한 두 부분으로 된 문제입니다."라고 그가 계속해서 말했다. "문제의 두 번째 부분이 항상 더 쉽습니다. 어느 쪽을 먼저 들으시겠습니까?" Bob은 신중한 것이 좋겠다고 생각했다. "문제의 두 번째 부분을 먼저 듣겠습니다." 사회자는 찬성한다는 듯 고개를 끄덕였고, 한편 청중들은 기대에 찬 채 숨죽였다. "좋아요, Bob, 문제입니다. 그러면 그것이 몇 년도에 일어났지요?"

3. ② to notify 공지(발표)하기 위해서

모든 사람은 물에 들어가기 전에 샤워해야 한다. 달리기, 거친 놀이나 과도한 소란은 수영장, 샤워장 또는 탈의실에서 금지된다. 어떤 음식이나 음료도 수영장 안에서 허용되지 않는다. 개와 다른 동물들은 수영장 안에서 허용되지 않는다. 모든 아이와 수영을 못하는 사람들은 부모나 책임질 수 있는 성인을 동반해야 한다. 관리소 측은 위의 규칙을 따르지 않는 사람은 누구든지 수영장에 입장을 거부하거나 쫓아낼 권리가 있다.

4. ③ For example 예를 들면

영국영어와 미국영어의 억양의 차이를 구별할 수 있는가? Harry Potter는 영국식 억양으로 말한다. Indiana Jones는 미국식 억양으로 말한다. 다른 어휘의 사용은 어떤가? 예를 들면, 미국인들은 'napkins', 'candy', 'gas'라고 말하지만, 영국인들은 'serviettes', 'sweets' 'petrol'이라고 말한다. 영국영어와 미국영어의 차이를 아는 것은 유용하다. 오늘날, 사람들은 여행을 많이 하고 많은 나라를 방문한다. 그들은 다른 사람들을 만나서 이야기를 하게 된다. 예를 들면, 영국인이 미국에 갔다. 그는 식당에서 웨이터에게 "냅킨 좀 주시겠어요?"라고 요청한다. 미국인들은 "serviette"가 아니라 "napkin"이라고 말하기 때문에 그 웨이터는 알아듣지 못한다.

Unit 2. 시제

Check up 문법 다지기

1. (1) was → is
   (2) sprains → sprained

(3) will be → is

(4) has lived → lived

(5) been → gone

2. (1) had broken

(2) were talking

(3) has been sleeping 또는 has slept

(4) will meet

(5) is getting

3. (1) have never seen

(2) quitted

(3) have known

(4) will take

(5) had turned

4. ③

Reading 독해 다지기

1. ② 남편의 뼈

　Grey씨는 생물학 교수로, 희귀한 뼈를 소장하고 있다. 그런데 그는 다른 대학에서 새로운 일자리를 얻게 되었다. Grey씨가 바빠서, 그가 일하는 동안에 아내가 새로운 집으로 가는 이삿짐 트럭에 실을 모든 물건을 정리하였다. 그 다음 주에 세 명의 남자가 짐을 이삿짐 트럭에 싣기 시작했다. 그때 그들 중 한 명이 큰 상자를 가지고 나왔다. 그가 그것을 이삿짐 트럭에 막 던지려고 할 때, Grey 부인이 집 밖으로 달려 나와 "그 상자는 조심스럽게 다루세요! 그 안에 <u>제 남편의 뼈가 전부</u> 들어있어요." 그 남자는 너무나 놀라서 그의 발 위에 상자를 떨어뜨릴 뻔했다.

2. ② witty (재치있는)

　내 친구 중 한 명이 새로운 슈퍼마켓의 제빵 코너에 취직했다. 그녀는 그날 저녁의 특별 판매 소식을 알리기 위해 방송하러 갔다. "안녕하세요, John's 슈퍼마켓 고객 여러분,"이라는 말로 시작하고는 곧 그녀는 자신이 경쟁 슈퍼마켓의 이름을 말한 것을 깨달았다. 재빨리 생각하고서, 그녀는 "우리는 오늘 밤 여러분이 Brown's 슈퍼마켓에서 쇼

핑하고 계셔서 정말 기쁩니다."라고 계속 말을 이었다.

3. ① 사자 갈기의 기능

　사자는 아마도 고양잇과에서 가장 유명한 일원일 것이다. 사자는 힘과 아름다움으로 잘 알려져 있다. 다 큰 수사자는 갈기를 가진 유일한 고양잇과 동물이다. 이 길고 숱이 많은 털은 사자의 머리와 목을 덮는다. 수년간, 생물학자들은 왜 사자에게 갈기가 있는지, 또 어떤 용도로 쓰이는지 궁금해 했다. 한가지 의견은 그 숱 많은 털이 다른 수놈들과 싸울 때 사자의 목을 보호한다는 것이다. 또 다른 생각은 갈기가 수놈의 신체적 조건을 표시해 준다는 것이다. 이 생각은 그 털이 다른 수놈들을 겁주고 암놈들이 훌륭한 짝을 선택할 수 있도록 도와준다고 한다.

4. ③ 프랑스는 미국의 독립전쟁 당시 영국을 도왔다.

　프랑스 사람들은 자유의 여신상을 1884년에 미국에 주었다. 그들의 선물은 자유를 기념했다. 그것은 또한 두 나라 사이의 우정을 상징했다. 이 우정은 미국이 영국에 대항해 독립전쟁을 하던 때부터 발전했다. 프랑스는 미국 독립 군들이 조지 3세의 병사들을 무찌르는 것을 도왔다. 그 전쟁은 공식적으로 1783년에 끝났다.

Unit 3. 조동사

Check up 문법 다지기

1. (1) coming → come

(2) has to → must

(3) would → should

(4) would → should

(5) had not better → had better not

2. (1) understand

(2) have to

(3) must

(4) ought

(5) accepting

3. ②

4. ①

5. ②

Reading 독해 다지기

1. ④ private 비공개의, 사적인

2020년이다. 당신은 모든 시민이 혈액표본을 경찰서에 제공해야 하는지에 대한 투표를 할 준비를 하고 있다. 그 표본들은 유전자 정보의 데이터베이스를 만드는 데 사용될 것이다. 경찰은 그 데이터베이스를 범죄 용의자를 확인하고 잡는 데 사용할 것이다. 그 법안에 찬성하는 사람들은 그것이 범죄를 막는 데 필요한 것이라고 주장한다. 법안에 반대하는 사람들은 그 정보가 오용될 수 있고, 유전자 정보는 **공개되지 말아야 한다고** 주장한다. 여러분은 그 새 법안에 찬성표를 던질 것인가 아니면 반대표를 던질 것인가?

2. ② 시차

이것은 여러분이 세 개 이상의 시간대를 가로질러 비행기 여행할 때 예상된다. 여러분이 빠르게 먼 거리를 여행할 때, 몸은 여러분의 목적지의 '새로운 시간'에 적응하는 데 시간이 걸리며, 그 결과로 피곤하고 불안함을 느낄 수 있다. 때때로 여러분은 **이것** 때문에 잠을 잘 자지 못할 수도 있다. 이런 영향은 보통 도착하고 삼일 정도면 사라지지만, 다음과 같이 함으로써 **이것을** 최소화할 수 있다. 떠나기 전 이삼일 동안 충분한 휴식을 취하라. 너무 많은 식사와 술을 피하라. 대신에 과일 주스나 물을 많이 마셔라. 편히 쉬기 위해 헐렁한 옷을 입고, 자는 것을 도와주는 눈가리개를 가져가라.

3. ④ 실내 공기가 오염되어 있는 건물

사람들은 오랫동안 스모그에 대해 걱정해왔고 정부도 대도시의 공기를 정화하기 위해 수십억 달러를 소비했다. 그러나 이제 우리는 해로운 공기로부터 탈출할 수 없다는 것을 알게 된다. 최근의 연구는 많은 가정과 사무실 건물, 그리고 학교가 화학물질, 박테리아, 연기와 가스 등의 오염물질로 가득 차 있음을 보여준다. 이런 오염물질들은 전문가들이 '병든 건물 증후군'이라고 부르는 불쾌하고 위험한 증상을 일으킨다. '**병든 건물**'은 시골에 있는 작은 집이 될 수도 있고, 도심에 있는 거대한 사무실 건물이 될 수도 있다.

4. ③ 영어학습 목표로서의 성공

그러나 성공이 영어를 배우는 유일한 이유는 아니다. 우정이 훨씬 더 중요하다. 국제어로서, 영어는 더는 미국이나 영국의 언어가 아니다. 그것은 모든 사람의 언어이다. 원어민이든 아니든 마찬가지이다. 영어로, 여러분은 전 세계에서 친구를 만들 수 있다. 이 친구들은 대부분 훌륭한 우리나라와 우리 역사에 대해 아는 게 없다. 왜냐하면, 지금까지 우리의 문화를 영어로 옮길 수 있는 사람들이 거의 없었기 때문이다. 여러분 세대는 우리나라를 세계에 알리는 세대가 될 것이다. 여러분이 세계시민이라는 것, 그리고 영어는 여러분의 언어라는 것을 기억하라!

Unit 4. 수동태

Check up 문법 다지기

1. (1) was found
   (2) of
   (3) to fly
   (4) in
   (5) with
   (6) with
   (7) with
   (8) for

2. (1) The building was destroyed by a bomb.
   (2) I was invited to the housewarming party by him.
   (3) The same mistake will be made by her.
   (4) The broken door is being repaired by them.
   (5) Pizza was made for me by my husband.

3. ➡ It is said (by people) that honesty is the best policy.

➡ Honesty is said to be the best policy (by people).

Reading 독해 다지기

1. ③ witty and wise

매일 아침 가난한 Gabriel은 빵 가게 앞에 앉아 빵 냄새를 맡았다. 어느 날 Gabriel이 빵 냄새를 맡는 것을 빵 가게 주인이 보았다.

"당신은 내 빵 냄새를 훔치고 있소!" 주인이 말했다. "그에 대해 돈을 내야만 해!" "빵 냄새를 맡는 것만으로 돈을 낼 필요는 없어요," Gabriel이 말했다.

그들은 판사에게 갔다. 판사는 Gabriel에게 "돈이 있나요?"라고 물었다. Gabriel은 작은 가방을 꺼냈다. "Gabriel, 그것을 흔드시오. 그리고 빵 가게 주인은 동전 소리를 들으시오." 판사가 말했다. "Gabriel의 동전 소리가 당신 빵 냄새에 대한 지불이 될 거요."

2. ⑤ 1,000달러 정도의 반지와 시계를 도난당했다.

어제 Elm 가(街)에서 25,000달러 도난 사건이 있었다. 도둑들은 Jason씨 가게의 창문에 돌을 던져서 반지와 시계를 훔쳤다. 경찰은 세 남자를 찾고 있다. 그들은 훔친 차를 타고 도망갔다. 그 차는 아직 발견되지 않고 있다. 가게 주인인 Jason씨는 도둑에 대한 정보를 제공하는 사람은, 누구에게나 1,000달러를 줄 것이다.

3. ⑤ 지역별로 본 미국인의 성격

미국의 다양한 지역에 사는 사람들의 성격에 대한 많은 고정관념이 있다. 북동부와 중서부에서는 사람들이 폐쇄적이고 비사교적이라고 일컬어진다. 남부와 서부에서는 사람들이 좀 더 개방적이라고 생각된다. 뉴잉글랜드 사람들은 다정하며 다른 사람들을 잘 도와준다고 여겨진다. 남부 사람들은 그들의 따뜻함으로 잘 알려져 있다. 미국의 서부 출신 사람들은 종종 매우 외향적이라고 생각된다. 한 지방에서 다른 지방으로 여행할 때, 미국인 자신들도 미국 내에서 다정함의 정도가 달라지는 것에 종종 놀란다.

4. ② You can't tell a book by its cover. (겉모습으로 판단하지 말라.)

Jenny가 탁자 위에 있는 책들을 정리하느라고 바쁠 때,

지저분한 얼굴에 더러운 옷을 입은 노인이 들어왔다. 그는 책 한 권 살 돈도 없을 것처럼 보였다. 노인이 자리를 잡고 앉아 무료 신문을 움켜쥐었다. Jenny는 생각했다, '그를 위해 책을 옮겨야 하나?' 그녀는 옮기지 않으면 무례한 일이라고 생각하면서 옮기기로 결심했다. 그녀는 말했다, "지저분해서 죄송해요. 천천히 신문 보세요." 그 노인은 Jenny를 쳐다보며 말했다, "고맙소, 아가씨. 아가씨가 매우 친절하구먼. 자 이거 받아요." 그 노인이 준 것은 100달러짜리 오페라 입장권 두 매였다.

Unit 5. 부정사

Check up 문법 다지기

1. (1) Your English is (good enough to have) a conversation.
   (2) She was (too excited to sleep).
   (3) We studied hard (in order to pass) the exam.

2. (1) ➡ It is a lot of fun to play internet games with friends.
   (2) ➡ It seemed that he met her last night.
   (3) ➡ She was rich enough to buy the house.
   (4) ➡ The shoes were so small that she couldn't wear them.
   (5) ➡ It is natural for you to do your best for the exam.

3. (1) ④
   (2) ①
   (3) ④

Reading 독해 다지기

1. ⑤ 원기를 회복하다.

나는 지난 몇 달 동안 상당히 스트레스를 받아왔지만, 항상 원기를 회복하기 위해 주말에 시간을 찾으려고 노력한

다. 나는 야외에 있기를 정말 좋아하고 항상 자유시간에 공부로부터 멀리 떨어져 있으려고 애쓴다. 나는 친구 한두 명과 산으로 차를 몰고 가서 온종일 하이킹을 하고 난 다음, 야영 천막을 치고 밤에 별 아래서 잠을 잔다. 하이킹은 내가 긴장을 풀고 내가 가진 문제를 통찰하도록 돕는다. 나는 산에서 주말을 보낸 후에 기운이 나고 저 끔찍한 시험을 포함하여 어떤 것에도 달려들 준비가 되었다고 느낄 거라는 것을 안다.

2. ④

　Tiger Woods는 이른 나이에 역할모델이 되었다. 사람들은 그를 존경했고, 그래서 그는 매우 감사하게 여긴다. 많은 사람이 어린아이였을 때의 Tiger를 도와주었기 때문에, 그는 지금 다른 사람들에게 도움을 주고 싶어 한다. 어떤 사람들은 그들의 인종 때문에 골프를 칠 수 없다. 다른 사람들은 충분한 돈이 없다. 때때로, Tiger 자신도 골프 치는 것이 금지되었다. 이 때문에, 그는 모든 사람에게 골프가 개방되는 것을 돕기 위해 Tiger Woods 재단을 만들었다. 그는 골프코스에서 다양성을 보고 싶어 하고, 모든 아이가 원한다면 골프를 치기를 원한다. Tiger는 이제 많은 아이가 자신 때문에 골프를 치고 싶어 해서 기쁘다.

3. ⑤ 호박이 너무 커서 차에 실을 수 없다.

　호박 축제(Pumpkinfest)는 가장 큰 호박을 기를 수 있는 사람이 누구인지를 알아보기 위한 대회이다. 사람들은 거대한 호박들과 그 밖의 거대한 채소들을 가져온다. 세계에서 가장 큰 수박을 뽑는 대회도 있다. 심지어 세계에서 가장 큰 꽃을 뽑는 대회도 있다. 거대한 과일과 채소들의 상당수가 200kg 이상의 무게가 나간다. 호박 축제에서 사람들은 걸어 다니며 거대한 과일과 채소들을 구경한다. 그들은 대회가 끝난 후 심지어 그것들을 사서 집으로 가져갈 수도 있다. "단지 한 가지 문제가 있습니다. 그 호박을 트럭에 실을 수가 없어요!"라고 거대한 호박을 산 남자가 말했다.

4. ⑤ 일반적으로 익은 후에 수확된다.

　빵나무 열매는 태평양 열대 지방의 섬에서 자라는 둥글거나 타원형인 열매이다. 그것은 높이가 12m에 달하고 반짝이는 진한 녹색의 잎이 달린 나무에서 자라는데, 그 잎의 길이는 31cm가 넘는다. 그 열매는 처음에는 녹색을 띠다가 갈색으로 변하고 충분히 익으면 노란색이 된다. 대개 빵나무 열매는 익기 전에 수확되어 뜨거운 돌 위에서 요리된다. 빵나무 열매의 과육은 모양이나 감촉이 갓 구운 빵과 아주 비슷하다. 코코넛 밀크와 섞으면 빵나무 열매는 맛있고 영양 많은 푸딩이 된다.

Unit 6. 동명사

Check up 문법 다지기

1. (1) Walking
　(2) to move
　(3) playing
　(4) to bring
　(5) working

2. (1) knowing
　(2) saying
　(3) thinking
　(4) telling
　(5) seeing

3. (1) ②
　(2) ③
　(3) ④

Reading 독해 다지기

1. ⑤ X-sports는 X세대 sports의 줄임말이다.

　오늘날 젊은 사람들은 점점 더 많은 모험과 짜릿함을 원한다. 활동이 위험해 보일수록 그들은 더욱더 짜릿함을 경험한다. 그들은 스노보드나 암벽타기를 더 좋아한다. 그들은 하늘 높이 패러글라이딩을 하러 가거나 바다의 높은 파도 꼭대기에서 파도타기 하기를 좋아한다. 이러한 것들은 '극한 스포츠'의 줄임말인 엑스 스포츠라 불린다.

2. ① 신문기사

　싱가포르는 껌에 반대하는 신년 캠페인의 세부사항에 대해서 발표했다. 정부는 금지가 월요일부터 시작된다고 말했다. 도시 환경미화원들은 공공장소나 지하철에서 껌을 제거하는 것에 대해 불평했다. 지하철은 껌이 문에 달라붙어서 문이 닫히는 것을 방해했기 때문에 열차 시간표에 맞춰 운행할 수가 없었다. 그 나라에 껌을 수입하는 사람은 7,190달러의 벌금을 내거나 감옥에서 1년을 보내야 한다. 껌을 파는 사람은 최고 1,426달러까지 벌금이 매겨질 수 있다. 관광객들은 세관 신고서에 껌을 신고해야 할 것이다.

3. ① 창의력은 타고나는 것이다.

　창의력은 새롭고 독창적인 생각과 어떤 것을 만들어내는 능력이다. 그것은 단지 소수의 사람만이 가지고 있는 특별한 능력이다. 보통 사람과 위대한 사람들과의 차이점이 바로 이것이다. 그것은 아무리 노력한다고 해도 계발될 수 있는 것이 아니다. 위대한 사람들은 그것을 가지고 태어난다. 그리고 창의력은 미술과 과학과 같은 한정된 분야에서 주로 발휘된다. Beethoven이나 Leonardo da Vinci, Einstein 같은 위대한 사람들이 좋은 예이다.

4. ③ In addition

　"웃음이 가장 좋은 약"이라는 속담이 있다. 이 말에 동의하지 않는 사람들도 있겠지만 웃음의 효과는 당신이 생각하는 것보다 훨씬 더 대단하다. 당신이 웃을 때, 당신 몸 전체의 혈액순환이 증가하고, 당신의 폐는 깨끗해지며, 당신의 온몸은 더 강해진다. 게다가, 당신이 웃을 때, 당신의 뇌는 더 원활하게 작동한다. 만약 당신이 웃음의 중요성을 이해하지 못하면 그 진정한 가치를 발견하는 것이 중요하다.

| Unit 7. 분사 |

Check up 문법 다지기

1. (1) boring
　(2) exciting
　(3) surprised
　(4) fallen

　(5) interested

2. (1) Having done
　(2) Being
　(3) (Being) Left
　(4) Going
　(5) Getting up

3. (1) ③
　(2) ④
　(3) ②

Reading 독해 다지기

1. ④ tasty (맛있는)

　가장 전통적인 한국 음식은 무엇인가? 그것은 김치임이 틀림없다. 김치는 배추와 고춧가루를 포함한 여러 가지의 양념으로 만들어진다. 김치는 너무도 필수적인 반찬이어서 김치 없이 밥을 먹는 한국 사람들은 거의 없다. 당신은 김치를 좋아하는가? 어떤 사람들은 김치를 그렇게 좋아하지 않을지도 모른다. 그러나 한국에 사는 어떤 외국 사람들은 김치를 아주 맛있어한다. 그들은 김치가 맛있을 뿐만 아니라 건강에도 좋기 때문에 좋아한다.

2. ④ 운전사를 방해하지 않는 것

　교통사고에서 다칠 가능성을 줄이기 위해 취할 수 있는 행동들이 많다. 먼저, 차에 탔을 때, 항상 안전 벨트를 매라. 뒷좌석에 앉아 있다 하더라도 안전 벨트를 매야 한다. 게다가, 자가용을 탔건 대중교통 수단을 이용하건 간에 운전사를 방해해서는 안 된다. 그것은 조용히 앉아 있는 것, 다른 승객들을 방해하지 않는 것, 창밖으로 몸을 내밀지 않는 것, 친구들과 큰 소리로 떠들지 않는 것 등을 의미한다.

3. ③

　훌륭한 발표를 하는 데 있어 한 가지 큰 장애는 청중을 마주하는 것에 대한 두려움이다. 이것은 아주 일반적인 두려움이어서 무대 공포증이라는 그 자체의 이름도 있다. 만약 연설내용과 발표 전략을 잘 준비했다면, 청중을 두려워할 필요가 없다. 크고 분명한 목소리로 말하라. (청중이 너의 목소리를 들을 수 있다면, 어떤 청중도 너의 의견에 동의하지 않을 것이다.) 청중들과 눈을 맞춰라. 이것은 마치 당신이 그들에게 개인적으로 이야기하는 것처럼 느끼게 할 것이다.

4. ② moving

내 아내는 내가 우리 결혼식 날 주었던 구리반지를 아직도 가지고 있다. 그녀는 50년이 지난 지금에도 나를 잊지 않고 있다. 나는 그녀의 손가락에 금반지를 끼워줌으로써, 50년 전에 했던 약속을 마침내 지켰다. 우리는 둘 다 어떤 말도 할 수 없었지만, 서로의 감정을 깊이 이해할 수 있었다. – 우리가 서로를 얼마나 그리워했고, 얼마나 많은 고통의 세월을 보냈는지를.

Unit 8. 가정법

Check up 문법 다지기

1. (1) knew
   (2) had known
   (3) were
   (4) were
   (5) were

2. (1) weren't
   (2) didn't live
   (3) don't have
   (4) had come
   (5) But / were not

3. (1) ①
   (2) ②
   (3) ③

Reading 독해 다지기

1. ① to inform (정보를 알려주기 위해서)

호랑이는 아시아의 역사에서 매우 중요하다. 많은 오래된 한국회화에서 호랑이를 볼 수 있다. 한국에서 호랑이는 오래전에 멸종되었다. 호랑이는 고양잇과에서 가장 크다. 그들은 고기만 먹고 매우 강하다. 호랑이는 180~260kg의 무게가 나가고, 길이가 1.4~2.7m 정도 되며, 키가 1.1m 정도 된다. 그들은 9m도 넘게 뛰어오를 수 있으며, 나무도 올라가고, 몇 마일씩 수영도 할 수 있다.

2. ④ Instead

어느 날, 그는 동물의 권리와 환경오염에 대한 TV 프로그램을 보았다. 그것은 그에게 충격을 주었다. 처음으로, 그는 지구 돌보기의 중요성을 깨달았다. 그의 12번째 생일날, 그는 다른 아이들처럼 새 자전거나 디즈니랜드 여행을 요구하지 않았다. 대신에, 그는 가족들과 친구들에게 지구를 살리는 일을 도와 달라고 부탁했다. 단지 적은 돈으로, 그와 그의 친구들은 '지구 2020'이라는 기구를 설립했다. 그 기구의 목적은 2020년까지 지구를 살리는 것이다.

3. ③ 학교에 친구가 없다.

나는 고등학교 1학년 여학생이다. 중학교 때는 꽤 많은 친구가 있었다. 불행하게도 지금은 우리 반에 친구가 하나도 없다. 나는 부끄러움을 많이 타서 가까이 앉는 여자애들과 친구가 되지 못한다. 나는 그 애들이 나를 반기지 않거나 나랑 얘기하기 싫어할까 봐 겁이 난다. 다음 주에 우리는 학교 소풍을 간다. 난 가기가 싫다. 난 비참하고 완전히 소외된 것 같은 기분이 든다.

4. ⑤ 영어를 잘하면 유리한 점

영어를 유창하게 말할 수 있는 사람에게는 많은 유리한 점들이 있다. 우선, 여러 다른 나라 사람들과 만나서 대화를 할 수 있다. 영어는 세계적으로 일반적인 언어가 되었다. 둘째로, 인터넷 정보의 85%가 영어로 되어 있다는 것을 아는가? 그렇다. 영어를 사용하지 못하는 사람들은 컴퓨터 시대에서 (능력을 발휘할 기회가) 매우 제한된다. 셋째로, 많은 일반적인 직업들이 일정한 수준의 영어 능력에 의존한다.

Unit 9. 전치사와 접속사

Check up 문법 다지기

1. (1) at
   (2) into
   (3) on
   (4) for
   (5) Although

2. (1) Because of
   (2) Despite
   (3) On
   (4) so, couldn't
   (5) so, could

3. (1) ③
   (2) ④
   (3) ①

Reading 독해 다지기

1. ⑤ Importance of Trip Planning (여행 계획의 중요성)
   휴가는 언제나 신난다. 진짜 휴가가 시작되기 몇 주 전부터 기대로 가득 차 있다. 그러나 때때로 여행 계획을 세우는 것이 여행 그 자체만큼 중요할 수 있다. 읽어야 할 여행 안내 책자가 있고, 계획을 세워야 할 여행 경로가 있으며 상담해야 할 여행사도 있다. 성공적인 휴가는 신중한 계획 세우기에 달려있다. 경험 많은 여행자들은 제대로 계획되지 않은 여행은 즐겁기보다 오히려 피곤하게 끝난다는 것을 알고 있다.

2. ① However (하지만)
   많은 전문가는 TV가 나쁜 영향을 끼치고, 시간 낭비이기 때문에 아이들이 TV를 보지 못하게 해야 한다고 말한다. 하지만, 어떤 프로그램은 아이들에게 교육적이기도 하다. 예를 들면, "National Geographic"과 같은 자연에 관한 프로그램도 있고, 아이들이 읽는 것을 배우는 데 도움이 되는 "Sesame Street"과 같은 프로그램도 있다. 나는 아이들이 이런 교육적인 프로그램을 보도록 장려해야 한다고 생각한다. 왜냐하면, 제한된 일상생활 밖의 많은 것에 대해 배울 수 있기 때문이다.

3. ⑤ cleaners and soaps
   과학자들은 특정한 냄새들이 어떤 일을 하는지 밝혀내기 시작했다. 그들이 발견해낸 한 가지는 레몬 향이 사람들에게 신선하고 깨끗한 물건들을 생각나게 한다는 것이다. 그래서 세제나 비누를 만드는 사람들은 종종 그 제품들 속에 레몬 향을 넣는다. 바닐라 냄새는 사람들의 긴장을 풀어 준다. 그 냄새는 관을 통해 병원의 공기 속으로 주입될 수 있다. 계피와 사과 냄새는 많은 사람에게 집을 생각나게 한다. 일부 상점들은 사람들을 편안하게 하려고 공기 중에 이러한 향을 첨가한다.

4. ⑤
   초기시대에, 번개가 모래를 내리쳤을 때, 때때로 그 열은 모래를 뭔가 빛나는 것으로 녹였다. 그것은 단단하고 매끄러웠다. 사람들은 그것을 통해 다른 것을 볼 수 있다는 것을 알아차렸다. 그리고 사람들이 그것을 만드는 방법을 배운 이후로 그것은 다양한 목적으로 사용되었다. 이제 그것은 세상에서 가장 유용한 물질 중의 하나이다. 그것은 망원경, 현미경, 카메라 렌즈에 사용된다. 그것은 또한 거울이나 여러 가지 모양, 크기, 색깔의 병을 만드는 데에도 사용된다.

Unit 10. 관계사

Check up 문법 다지기

1. (1) which
   (2) whose
   (3) who
   (4) which
   (5) whom

2. (1) when

(2) when

(3) where

(4) how

(5) why

3. (1) ①

(2) ②

(3) ④

Reading 독해 다지기

1. ① He who hesitates is lost. (망설이는 자는 잃는다.)

아버지가 돌아가셨을 때, 50세인 Jane Jenner는 갑자기 50만 달러를 물려받게 되었음을 알았다. 무엇을 할지 – 언니 근처의 시골에 집을 살지, 세계여행을 하다가 호주에서 오빠와 한 일 년 지낼까를 결정할 수 없었다. 그녀는 그 돈을 은행에 저금하고 쓰기 전에 잘 생각해보기로 했다. 2년 후에도 그녀는 여전히 무엇을 할지 몰랐다. 어느 날 물건을 사러 나와, 그 문제를 생각하며 살펴보지 않고 혼잡한 도로를 건너가기 시작했다. 그녀는 차에 치여서 그날 병원에서 죽었다. 그 50만 달러는 아직도 은행에 있었다.

2. ① 회원비 인상 설명

우리가 전에 회원비를 조정한 이래로, 직원 수와 운영비가 상당히 상승했습니다. 그동안에, 새 책, DVD, 정기간행물들도 꾸준히 가격이 상승했습니다. 거기에 더하여, 문화원의 예산은 전 세계적으로 대폭 삭감하게 되었습니다. 그래서 우리는 비용의 12.5%를 감당하도록 소폭 가격을 인상하기로 목표를 세웠으며 2019년 7월 1일부터 도서관과 DVD 도서관의 회원비가 ₩20,000이 될 것을 알려드립니다.

3. ②

행복의 열쇠는 충만하거나 바쁜 삶일 수도 있다. 그러나 여러분에게 그 열쇠가 무엇이든, 그것이 일어나도록 노력하라. 만일 여러분이 행복하지 않다면, 자신에게 이유를 물어보라. 아마도 여러분이 사태를 변화시킬 수 있을 것이다. 예를 들면, 만약 일이 마음에 들지 않는다면, 그만두어라. 또는 여러분이 사는 장소가 마음에 들지 않는다면, 이사하

라. 여러분의 능력과 흥미에 대해 생각하라. 여러분은 무엇을 잘하는가? 무슨 일 하기를 좋아하는가? 여러분이 원하는 것이 불가능하다고 절대로 생각하지 마라. 여러분이 무엇을 변화시키려고 결정하든, 다른 사람들이 생각할지도 모르는 것에 대해 걱정하지 마라.

4. ④ 계곡에서 목욕할 수 있다.

여행명 : 신혼여행 특별상품
목적지 : 그랜드 캐니언
세부사항 : 2박 / 1인당 800달러

2박 3일간의 호화로움과 즐거움에 대해 상상해 보십시오. 여러분은 그 협곡의 가장 매력적인 호텔에서 신선한 꽃들과 샴페인, 킹사이즈 침대 그리고 진짜 통나무 불이 완비된 여러분 자신의 스위트룸을 갖게 될 것입니다. 심지어 발코니에서 뜨거운 목욕을 할 수 있으며, 그곳은 전망이 아주 좋습니다. 아침, 점심, 저녁 식사가 포함됩니다. 정말 잊을 수 없는 경험을 원하는 부부들에게 강력히 추천합니다.

Unit 11. 명사와 대명사

Check up 문법 다지기

1. (1) much

(2) a few

(3) another

(4) is

(5) a piece of

(6) those

(7) of itself

(8) one

(9) Were

(10) room

2. (1) ③

(2) ①

(3) ③

Reading 독해 다지기

1. ⑤ Contrary to

그 존재가 우리 삶에 필수적인 많은 작고 추한 동물들이 이 세상에 살고 있다. 그들의 외모와는 대조적으로, 거미, 지렁이 또는 박쥐와 같은 동물들은 사실상 우리에게 매우 유익하다. 우리는 그들을 무분별하게 죽여서는 안 된다; 대신에 우리는 그들을 보호해야 한다. 아무리 그런 동물들이 우리에게 유익하다고 말할지라도, 생태계는 파괴되어가고 이런 동물들이 멸종의 순간에 처해 있다.

2. ⑤ (C)-(A)-(B)

> 컴퓨터 언어는 때때로 우습다.

(C) 예를 들어, 우리는 컴퓨터가 '기억'을 가지고 있다고 말한다. 우리는 그들이 진짜로 기억하거나 생각할 수 없다는 것을 안다. 그러나 우리는 여전히 '기억'이라고 말한다.

(A) 또한, 기억 이외에, 많은 컴퓨터 프로그램에 '메뉴'가 있다. 물론, 식당이나 음식에 대해서 말하는 것은 아니다.

(B) 또 다른 우스운 예는 어떤 컴퓨터에는 '쥐'가 있다는 것이다. 당신이 그 단어를 들을 때, 진짜 쥐를 생각하기는 어렵다.

3. ③ 열대우림의 파괴 결과

또한, 세계의 기후가 훨씬 더 뜨거워질 것이다. 나무들은 공기 중의 이산화탄소를 가져가고 신선한 산소를 다시 내놓는다. 열대우림이 없으면 공기는 점점 더 많은 이산화탄소로 가득할 것이고 이것은 열을 끌어모으는 역할을 할 것이다. 그 결과로 날씨는 더 더워질 것이다. 이것을 '온실효과'라 부른다.

4. ④ special abilities

장애인들이 특별한 능력을 갖고 있다는 것은 잘 알려져 있다. 즉, 시각장애인은 뛰어난 청각을 갖고 있고 청각장애인은 놀라운 촉각을 갖고 있다. 이것은 모든 사람이 그들의 신체 상태(조건)와는 상관없이 사회에 공헌할 수 있다는 것을 의미한다. 지금이 바로 우리 사회의 많은 장애인의 숨겨진 재능을 이용할 방법을 생각해보아야 할 때다.

Unit 12. 형용사와 부사

Check up 문법 다지기

1. (1) Lately
   (2) much
   (3) already
   (4) either
   (5) a few

2. (1) Few
   (2) a little
   (3) much
   (4) some
   (5) any

3. (1) ③
   (2) ②
   (3) ③

Reading 독해 다지기

1. ⑤ humorous

한 젊은이가 군대에 가고 싶지 않았다. 그래서 시력검사 날에 그는 마치 눈이 잘 보이지 않는 것처럼 행동했다. 의사가 시력검사표를 가리키며 "맨 윗줄을 읽으세요,"라고 요청했을 때, 그 젊은이는 "무엇의 맨 윗줄이요?"라고 말했다. 의사가 "시력검사표 말입니다."라고 말했다. 젊은이는 "무슨 표요, 의사 선생님?"이라고 대답했다. 의사는 그 젊은이의 시력이 군대에 갈 만큼 좋지 않다고 진단했다. 그 날 저녁, 그 젊은이는 영화를 보러 갔다. 영화가 끝났을 때, 자신의 바로 옆자리에 앉은 사람이 그 의사라는 것을 깨달았다. 재빨리 그가 말했다, "실례합니다, 부인. 이 기차가 시청으로 가나요?"

2. ⑤ to thank

지난 25년간 당신은 이 회사에서 귀하고 존경받는 직원이었습니다. 1989년에 우편실에서 일을 시작한 이후로,

당신은 회사에 매우 크게 이바지했습니다. 당신의 능력으로 인해, 2002년 당신은 사무국장으로 승진했습니다. 따라서 지난날 당신의 기여가 없었다면, 우리는 지금과 같이 성공하지는 못했을 것이라 말해도 무방합니다. 모든 임원을 대표해서 저희는 당신이 건강하기를 바라며 당신의 노력으로 맞게 되는 퇴직을 즐기시기를 바랍니다.

3. ① You get what you paid for. (싼 게 비지떡이다.)

　Kelly는 모든 가구가 제공되는 학교 기숙사에 살고 있다. 하지만 이제 룸메이트가 이사하기 때문에 새 책상이 필요하다. 보통 책상 가격은 100달러에서 120달러에 이른다. 그런데, 집에 오는 길에, 그녀는 겨우 50달러에 괜찮아 보이는 책상을 발견했다. 운이 좋다고 생각하면서 그녀는 그것을 사서 배달시켰다. 책상은 갈색으로 방에 잘 어울렸다. 그러나 곧 책상이 망가지기 시작했다. 선반은 내려앉고 책상 서랍은 더는 틀에 잘 들어가지 않았다. 실망하면서, 그녀는 혼잣말로 이렇게 말했다. "싼 게 비지떡이지."

4. ② How to Be Happy

　하버드대학에서 가장 인기 있는 강좌 중의 하나는 학생들에게 행복해지는 방법을 가르치는 강의다. "긍정의 심리학"이라는 이 강좌는 850명 이상의 학생을 끌어모았다. 그 강좌의 강사는 행복한 사람들은 더 잘 처신한다고 말한다. 행복해지기 위해서는 다음에 나오는 조언들을 따를 필요가 있다.
1. 감정을 받아들여라. 슬플 때 울고, 기쁠 때 크게 웃어라.
2. 뭔가에 실패했다고 화내지 마라. 대신에 그것으로부터 배워라.
3. 당신의 몸과 정신은 연관되어 있다. 따라서 충분히 자고 잘 먹어라.

Unit 13. 비교 구문

Check up 문법 다지기

1. (1) better
　(2) easy
　(3) brightest
　(4) much
　(5) the kinder

2. (1) twice, heavy
　(2) soon, possible
　(3) The richest
　(4) The, the
　(5) longer, longer

3. (1) ①
　(2) ②
　(3) ③

Reading 독해 다지기

1. ⑤ 휴대전화를 학교에 가져오지 못하게 하자.

　이런 기술과 통신의 세계에서, 휴대전화는 필수품이다. 그것 없이는 단 하루도 지낼 수 없다. 하지만, 학교에서는 그것은 다른 문제이다. 교실에서 수업 시간 동안 많은 휴대전화가 울린다. 그것은 교사와 학생들이 가르침과 학습에 집중하는 데 도움이 되지 않는다. 그러므로 나는 학교가 학생들이 휴대전화를 학교에 가져오는 것을 금지하는 규칙을 만들 것을 제안한다. 그러면, 교실은 훨씬 더 조용해질 것이고 학생들의 성취도 향상될 것이다.

2. ③ cooperation

　대부분 사람은 동물 세계의 구성원 사이에서 협동이 발견된다는 것을 알면 놀란다. 이런 종류의 행동은 실제로 동물 사이에 존재한다. 예를 들어, 돌고래 무리는 출산을 앞둔 암컷 주변에 머문다. 그들은 다가올지도 모르는 상어들을 쫓아낼 것이다. 마찬가지로, 황소들은 위험이 닥쳐옴을 감지하면, 어린 새끼들 주변에 보호하는 원을 형성한다. 사냥꾼들이 접근하여 총을 쏘기 시작해도 그들은 그 원을 흐트러뜨리지 않는다. 그들은 서서 차례로 자신들이 총을 맞도록 한다.

3. ⑤ 300년 훨씬 전부터 방수된 우산이 등장하였다.

　우산은 아주 오래되어서 누구도 그것이 어디서 유래했는지 모른다. 하지만, 수천 년 동안 우산은 비를 막기보다는 오직 햇빛을 막는 데에만 사용되었다. 사실 우산이라는 단어는 라틴어로 '그늘'을 의미하는 umbra라는 단어에서 유래했고, 고대의 노예들은 주인들에게 그늘을 제공하기 위하여 그들 위에 우산을 받쳐 들었다. 초기에, 우산은 여자들만 가지고 다녔는데, 그것은 남자들이 사용할 만큼 충분히 '남성적인' 것으로 여겨지지 않았기 때문이다! 약 300년 전에야 비로소 사람들은 빗속에서 방수된 우산을 사용하기 시작했다.

4. ⑤ (C)-(B)-(A)

화산 폭발, 화재, 홍수 그리고 허리케인과 같은 자연재해는 세계의 어디선가 매년 발생한다. (C) 그러나 또 다른, 그리고 아마도 훨씬 더 위험한 자연재해가 있다. (B) 그것은 쓰나미, 즉 끔찍한 손상과 파괴를 일으킬 수 있는 거대한 파도이다. (A) 높이가 30미터나 되는 쓰나미도 있는데, 그것은 일본, 동남아시아 그리고 중남미를 강타할 수 있다.

영어

인쇄일	2023년 4월 24일
발행일	2023년 5월 1일
펴낸곳	(주)이타임라이프
지은이	편집부
주소	서울시 영등포구 경인로77가길 16 부곡빌딩 401호(문래동2가)
등록번호	2022.12.22 제 2022-000150호
ISBN	979-11-982268-3-9 13370

검정고시 전문서적

기초다지기 / 기초굳히기

"기초다지기, 기초굳히기 한권으로 시작하는 검정고시 첫걸음"

· 기초부터 차근차근 시작할 수 있는 교재
· 기초가 없어 시작을 망설이는 수험생을 위한 교재

기본서

**"단기간에 합격! 효율적인 학습!
적중률 100%에 도전!"**

· 철저하고 꼼꼼한 교육과정 분석에서 나온 탄탄한 구성
· 한눈에 쏙쏙 들어오는 내용정리
· 최고의 강사진으로 구성된 동영상 강의

만점 전략서

"검정고시 합격은 기본! 고득점과 대학진학은 필수!"

· 검정고시 고득점을 위한 유형별 요약부터
  문제풀이까지 한번에
· 기본 다지기부터 단원 확인까지 실력점검

핵심 총정리

"시험 전 총정리가 필요한 이 시점! 모든 내용이 한눈에"

· 단 한권에 담아낸 완벽학습 솔루션
· 출제경향을 반영한 핵심요약정리

합격길라잡이

"개념 4주 다이어트, 교재도 다이어트한다!"

· 요점만 정리되어 있는 교재로 단기간 시험범위 완전정복!
· 합격길라잡이 한권이면 합격은 기본!

기출문제집

"시험장에 있는 이 기분! 기출문제로 시험문제 유형 파악하기"

· 기출을 보면 답이 보인다
· 차원이 다른 상세한 기출문제풀이 해설

예상문제

"오랜기간 노하우로 만들어낸 신들린 입시고수들의 예상문제"

· 출제 경향과 빈도를 분석한 예상문제와 정확한 해설
· 시험에 나올 문제만 예상해서 풀이한다

한양 시그니처 관리형 시스템

#정서케어 #학습케어 #생활케어

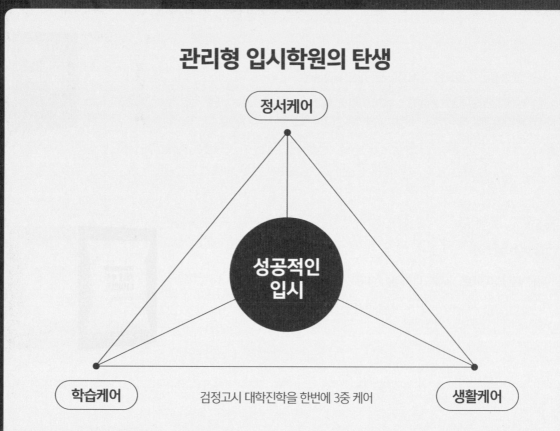

관리형 입시학원의 탄생

정서케어

성공적인
입시

학습케어   검정고시 대학진학을 한번에 3중 케어   생활케어

정서케어

· 3대1 멘토링
  (입시담임, 학습담임, 상담교사)
· MBTI (성격유형검사)
· 심리안정 프로그램
  (아이스브레이크, 마인드 코칭)
· 대학탐방을 통한 동기부여

학습케어

· 1:1 입시상담
· 수준별 수업제공
· 전략과목 및 취약과목 분석
· 성적 분석 리포트 제공
· 학습플래너 관리
· 정기 모의고사 진행
· 기출문제 & 해설강의

생활케어

· 출결점검 및 조퇴, 결석 체크
· 자습공간 제공
· 쉬는 시간 및 자습실
  분위기 관리
· 학원 생활 관련 불편사항
  해소 및 학습 관련 고민 상담

HANYANG
A C A D E M Y

한양 프로그램 한눈에 보기

· 검정고시반 중·고졸 검정고시 수업으로 한번에 합격!

기초개념	기본이론	핵심정리	핵심요약	파이널
개념 익히기	과목별 기본서로 기본 다지기	핵심 총정리로 출제 유형 분석 경향 파악	요약정리 중요내용 체크	실전 모의고사 예상문제 기출문제 완성

· 고득점관리반 검정고시 합격은 기본 고득점은 필수!

기초개념	기본이론	심화이론	핵심정리	핵심요약	파이널
전범위 개념익히기	과목별 기본서로 기본 다지기	만점 전략서로 만점대비	핵심 총정리로 출제 유형 분석 경향 파악	요약정리 중요내용 체크 오류범위 보완	실전 모의고사 예상문제 기출문제 완성

· 대학진학반 고졸과 대학입시를 한번에!

기초학습	기본학습	심화학습/검정고시 대비	핵심요약	문제풀이, 총정리
기초학습과정 습득 학생별 인강 부교재 설정	진단평가 및 개별학습 피드백 수업방향 및 난이도 조절 상담	모의평가 결과 진단 및 상담 4월 검정고시 대비 집중수업	자기주도 과정 및 부교재 재설정 4월 검정고시 성적에 따른 재시험 및 수시컨설팅 준비	전형별 입시진행 연계교재 완성도 평가

· 수능집중반 정시준비도 전략적으로 준비한다!

기초학습	기본학습	심화학습	핵심요약	문제풀이, 총정리
기초학습과정 습득 학생별 인강 부교재 설정	진단평가 및 개별학습 피드백 수업방향 및 난이도 조절 상담	모의고사 결과진단 및 상담 / EBS 연계 교재 설정 / 학생별 학습성취 사항 평가	자기주도 과정 및 부교재 재설정 학생별 개별지도 방향 점검	전형별 입시진행 연계교재 완성도 평가

HANYANG
ACADEMY

D-DAY를 위한 <u>신의 한수</u>

검정고시생 대학진학 입시 전문

검정고시 합격은 기본!
대학진학은 필수!

입시 전문가의 컨설팅으로 성적을 뛰어넘는 결과를 만나보세요!

HANYANG ACADEMY

(YouTube)